U0957102

Galloway's 5K/10K Running

盖洛威跑步系列

谁都能跑完5公里/10公里

[美] 杰夫·盖洛威（Jeff Galloway）著 赵小钊 译

中国发展出版社

单位换算

本书中的英制单位与公制单位换算如下：

1 英里 =1.609 公里

1 码 = 0.914 米

1 英尺 = 0.305 米

1 英寸 = 0.025 米

1 磅 = 0.454 公斤

1 盎司 = 28.35 毫升（饮用水单位）

1 华氏度（℉）= 32+ 摄氏度（℃）× 1.8

作者简介

美国教练 杰夫·盖洛威

杰夫·盖洛威（Jeff Galloway）是奥运会运动员，曾与欧洲、非洲，以及前苏联的世界顶尖运动员同场竞技。他于 1973 年打破了全美 10 英里跑的记录（47 分 49 秒），6 英里的最好成绩是 27 分 21 秒。他曾经夺得过桃树路赛跑（Peachtree Road Race）、火奴鲁鲁马拉松（Honolulu Marathon）、亚特兰大马拉松（Atlanta Marathon）的冠军，在美国的其他比赛中也有出色表现。在 1973 年的美国国家队排名第五，并参加了 1975 年在摩洛哥拉巴特（Rabat Morocco）举办的"国际越野跑锦标赛"（1975 International Cross Country Championships）。

淡出竞技领域后，盖洛威依然没有远离跑步，他成为了美国富有声望的著名跑步教练和跑步书籍作者。约有 100 万跑者和健走锻炼者阅读过盖洛威的书籍，参加过他的健身 / 跑步训练营，或是接受过他的在线指导以及线下顾问服务。他独创的"跑走结合"训练计划极富可行性，几乎可以帮助每个人获得改变人生的完赛经历。他的方法几乎可以把伤痛减少到零。盖洛威每年要举办 200 次励志与培训讲座，帮助不同水平的人们终身参加跑步等运动。他还是亚特兰大奥委会（Atlanta Committee for the Olympic Games）医疗健康委员会的成员，并为政府跑步组织（White House Athletic Club）与军队设计指导健身计划和损伤康复项目。

人物经历

●代表美国参加奥运会 10000 米，同时是马拉松项目预备队员

●与普雷方丹（Steve Prefontaine）、肖特（Frank Shorter）、罗杰斯（Bill Rodgers）、波夫特（Amby Burfoot）、柏启乐（Jack Bacheler）等美国顶尖跑者一同训练

●北美最畅销跑步书籍《盖洛威跑步图书》（Galloway's Book on Running）的作者

●《跑者世界》杂志（Runner's World）每月开设专栏

● RunDisney 系列跑赛的官方顾问，负责相关视频与训练计划在其官网发布

●带动数百万人跑步的跑 - 走 - 跑（Run Walk Run）训练方法创始人

●菲迪皮斯（Phidippides）跑步用品专卖店创始人兼所有者（1973 年开业）

●位于亚特兰大的医疗健康连锁机构 Kaiser Permanente"跑 / 走与健身项目"的负责人，招收学员数超过 20000 人（2012 年统计）

●为 ESPN 与 MSNB 等媒体培训名人跑步，学员有美国综艺人物 Sage Steele、Megan Price 等。

●盖洛威坚持跑步 50 多年，其中 30 多年没受过伤

●超过 35 万人表示，盖洛威方法帮助他们达到了目标

●盖洛威是美国路跑者俱乐部（Road Runners Club of America）的名人堂成员，被列入《跑者世界》杂志 40 周年版的 20 位顶级专家之一

你我眼中的 5-10 公里

“益跑丛书”筹划工作启动之时，我们选择了美国 Runner's World 执行主编、波士顿马拉松冠军安比 · 波夫特（Amby Burfoot）撰写的《初级跑者全书》（Complete Book of Beginning Running），后来又出版了针对女性跑者的《女子跑步全书》（Complete Book of Women's Running）。现在我们要推出的是由美国教练杰夫 · 盖洛威（Jeff Galloway）撰写的《谁都能跑完 5 公里 /10 公里》（Galloway's 5K/10K Running）。

本书的目标读者是那些已经尝试过跑步，已养成或者正在努力养成跑步习惯，开始有比赛的欲望却又对跑步的各方面有些迷茫的初级跑者。

为了成为“你眼中的自己”，勇敢迈开腿！

套用网络流行的“眼中体”——例如，当你穿上跑鞋出门跑步，在自己眼中，你是身姿矫健的马拉松运动员；在家人眼中，你是利用业余时间释放压力的工薪族；在朋友眼中，你是借马拉松比赛幻想赚外快的“心机者”；而在路人眼中，你不过是个气喘吁吁、迈步艰难的微胖青年。

这便是理想和现实之间的差距，别人眼中的自己平凡无奇，没有美丽的外表，没有时尚的品位。在茫茫人海中，相同衣着打扮、相同发型的人成千上万。我们终日为了挣钱养家而奔波劳累，渺小得就如广阔沙漠里的一粒沙，平凡得就如浩瀚大海里的一滴水。

身处不同的角度，我们看重的是自己的潜力，而别人则更看重你的劳动成果。美国诗人亨利 · 朗费罗（Henry Wadsworth Longfellow）曾说：“我们通过自己能够做些什么来判断自己，别人却通过我们已经做过的事情来判断我们。”

为什么去跑步？其实我们心里想得很简单，不是为了奖金，不是为了玩，只是为了挖掘出自己的潜力，成为跑步时我们脑海中出现的——自己！

5~10 公里，这是你养成跑步习惯的距离！

什么叫作“跑步习惯”？并不是用跑步成绩来衡量，只是说你每天都有固定的时间规律地跑步锻炼，距离和时间都不必太长，5 公里足矣。

5 公里这个距离十分神奇，既能达到有氧训练的减脂效果，又不会造成太大负担。再忙的人，清晨、午休，或者傍晚，都能抽出时间。在训练场地的选择上，5 公里也有它独特的优势，从操场 400 米到小区的绿化带，或者家附近的马路，又或者奥林匹克森林公园，几乎任何地段都适合作为训练场。

在益跑丛书《初级跑者全书》中，介绍了很多关于持之以恒、坚持训练的方法，同样可以帮助你养成跑步习惯。

5~10 公里，这是你第一次参与跑步比赛的距离

全球最常见的路跑竞赛距离是多少？全马？半马？不，是 5 公里！

5 公里的路跑赛非常多，彩色跑、荧光跑、泡泡跑等娱乐类型的比赛是周末的好消遣，5 公里也是大型马拉松比赛中迷你马拉松项目的距离，可以在完赛之后给全程马拉松跑者

们加油打气。想象未来的你，参与 10 公里、半程和全程马拉松比赛指日可待。

本书给初级跑者们介绍了 5 公里训练方法、训练计划、提高成绩的技巧等内容。跑步老手们也能从本书中找到基于时间目标的训练计划。在书中，你会发现许多让比赛更富趣味的训练方法。通过练习，你还能掌握步行休整、轻步高频等运动技巧。

从 5 公里到 10 公里，你应该跑多久

我们指的不是你完成的时间，而是你提升跑量的时间，也许你要说："咦？我知道的那谁谁，从刚开始练跑步到完成全马也就 3 个月啊！"这便是目前马拉松大潮下常见的问题，许多跑步者都一再声明自己是为健身而来的，但是一旦踏上跑道，天生具有的竞争欲望就开始促使你低着脑袋跟别人拼速度、拼耐力。

贪跑量、迷挑战，抛开健康的原则，一味地去冲击极限，而最终带来的只能是慢性损伤甚至提前终止运动爱好。

当你从零开始想完成一个运动目标，一定要一步步慢慢来。本书提供了关于如何从 5 公里到 10 公里提升训练量的指导建议，而不仅仅是简单地比昨天多跑 5 公里。

从 5 公里到 10 公里，你应该知道更多

你或许因为久坐少动、饮食不均衡，骨骼、韧带、肌腱、肌肉等都存在不同程度的弱化。但跑起来的先决条件是适当的体重、骨骼强度、正常的心肺功能及一定的肌肉力量，因此，很多人长期不运动突然跑起来，非常容易受伤。对长久没有运动习惯的人来说，逐步增加运动量是重中之重、对超重的人来说，早期可以用"跑走结合"的方式先让体重降下来。

在关于跑步减肥、跑步饮食、运动伤害等方面，即使你不是专业运动员，也应该知道一些小知识，边跑边学，会让你跑得更轻松快乐。

感谢阿迪达斯中国有限公司对本书出版给予的大力配合。阿迪达斯一直希望通过运动表现技术的革新来满足跑者的需求，为跑者带来最佳跑步体验。根据本书内容，阿迪达斯专门拍摄了相关配图，与内容相映成趣、相得益彰，给跑友们带来更直观、更鲜活的阅读体验。同时，感谢定居美国亚特兰大市的于大潍先生对本书顺利出版提供的指导和帮助；感谢新浪高级副总裁魏江雷先生为本书拨冗作序。

由于本书编译人员非体育训练与运动医学专业出身，在名词术语等翻译方面可能会有疏漏和瑕疵，诚望各位读者和专业人士不吝赐教。您有任何意见或建议，请发送邮件至 info@erun360.com 或联系新浪微博"@ 益跑网"，我们随时恭候您的指正。

益跑网编辑部

2015 年 5 月

跑步是一个享受的过程

和很多朋友谈起跑步，很多人都回答——太辛苦了，而且自己也没有信心能跑多长、多久。而另外一部分人却非常热衷于在极短的时间内，就挑战自己的首个半马或全马。

2011 年后，跑步在中国热度逐年上升，越来越多的人开始在健身房、操场和公园里开始迈动双腿。如何正确地开始跑步？如何通过跑步改变自身的身体状况，增加心肺功能，提升生活质量？这是大家非常关心的问题。

盖洛威先生的跑走结合的方法，让很多初学者少了恐惧和心理负担。而更重要的是，他教会了读者如何形成跑步的习惯。跑步的习惯不是指你可以跑多快，或者一次跑多远，而是在日常生活中，你跑得规不规律。他倡导的每次 5 公里的初学者训练计划，让每个人都能够在一天中抽出 1 小时来完成 5 公里，并逐步养成跑步的习惯。

这种循序渐进的训练方法，让每人都能够享受跑步带来的快乐，减少过度训练带来的伤病风险。

不要给自己制定过激的训练计划。你没适应一次 15 公里的训练，就不要挑战半程马拉松；如果没有能力完成 30 公里，并坚持 3 个月以上的训练，不要轻易挑战全马。

跑步是一个享受的过程，它可以带来快乐，改变生活。希望这本书让更多的人跑起来，跑得快乐健康。

魏江雷

新浪高级副总裁
新浪移动事业部总经理
新浪体育事业部总经理

The Preface

Welcome to the life-enhancing world of running!

It is well known that running bestows many health benefits: stronger bones, improved cardiovascular capacity, increased fat burning, greater lung efficiency, lower cholesterol, reduced blood pressure, better joint health, etc. So it's not surprising to learn that runners live longer, and enjoy a higher quality of life into old age.

Even more exciting is the research showing mental and motivational benefits. Running stimulates the growth of new brain cells at any age, while it improves brain function. Even a short run can turn on mental circuits for a better attitude, more energy, quicker and better decisions, and personal empowerment/achievement.

Research shows that runners have fewer leg and foot problems as they increase in age. I'm very proud to say that by using my Run Walk Run method, almost anyone can run without experiencing the challenges of non-stop running.

Those who follow a tested method tend to be more successful and happier than those who don't. My life's work has been the development of the proven plan in this book that has been successfully used by hundreds of thousands of runners.

The simple instructions inside can improve the running experience for runners at all levels. Beginners can enjoy the life-changing effects of running within a day or two without aches and pains. Experienced runners can reduce fatigue and injuries, while they improve speed, extend endurance and run happier. By following the principles and methods inside, you can gain control over your running, which will enhance the other areas of your life.

Enjoy every run!

Jeff Galloway
Olympian
Coach to over a million runners

作者序

欢迎来到提升生活品质的跑步世界。

跑步的益处众人皆知：强健骨骼、有益心脏、加速燃脂、增进呼吸、降低血脂、控制血压、改善关节。因此，跑步者寿命长、晚年生活品质高都是情理中的事情。

更多的研究还展示了跑步对精神层面的好处。不论任何年龄，跑步都可以促进脑细胞再生，从而改善脑功能。即使跑很短的距离，也可以振奋情绪、带来活力，让决策变得更高效；于是，整个人都振奋了。

有关研究还证明，随着年龄增长，跑者的腿脚出问题的风险要比不跑步的人低。我可以骄傲地说，通过使用跑 - 走 - 跑方法，几乎所有人都可以学会跑步，没有必要气喘吁吁地一步不停。

跑 - 走 - 跑方法，可谓百试不爽；体验过的人表示，他们能跑得更轻松更快乐。我终身都在研究和完善这本书中的跑步计划，如今它已经帮助几十万人成功地迈出脚步，变身跑者。

本书中的指导建议，能够帮助各种水平的跑者。初跑者有望在一两天内，学会无伤跑步——或许，一生将由此改变。资深跑者可以避免疲劳和伤病，提高耐力和速度，体会到跑步的更多乐趣。学会了书中的练习方法，你就能从掌控跑步开始，让生活的其他方面也变得更为健康、丰富和有趣。

享受每次奔跑吧！

杰夫 · 盖洛威
奥运会跑者
数百万人的跑步教练

目录

#1

5 公里 /10 公里 最流行的跑步距离

报名参加 5 公里与 10 公里的跑者和健走者数量在不断增加。
本书面向参加 5 公里与 10 公里的跑者和健走者，书中包括了提高成绩的技巧等内容。
训练与工作、生活不冲突。
5 公里与 10 公里跑，也是有经验的跑者准备更长距离比赛期间的速度测验。
5 公里和 10 公里是最容易参与的比赛。
那些按照计划训练和比赛的跑者，往往会获得更好成绩，实现更快完赛，体验更多乐趣。

在跑步比赛前的集结以及比赛本身，让跑者们找回自我。专家们说，早在发明工具前，人类祖先的生存，取决于长途奔跑和行走的能力。通过不断地迁徙（每年用脚行走数千公里），我们的祖先才能够搜罗食物、躲避危险。在几百万年的进化过程中，人类的肌肉、骨骼、能量系统以及心脏循环，都在不断增加适应性，来应付长距离的耐力运动。同时，人们还能从跑步中获得精神满足，就像今天我们用舒适的速度长跑时，同样会感到快乐。

祖先的首要目标是长途迁徙，今天的跑者在跑完 5 公里和 10 公里后，能够得到无法预料的满足感和成就感。许多慈善机构也用这样的短距离赛作为筹款机会，在参加这类比赛中，你可以获得三重满足：提高体能、达成目的以及帮助他人。

随着初级跑者们不断提高自己的跑步能力，他们也会从生活的其他方面感受到体能和心理的进步。如果练习得当，本书中的“完赛”计划，几乎是 0 失败率的。不过，即使是初级跑者，在某些情况下，也能够在精神力量的推动下，超越原来认为的体能局限。许多有过这种经历的人，都会感叹毅力的伟大。不过，即使在 5 公里和 10 公里跑中犯了错误，改正也是相对容易的，同时还能从反思错误中受益匪浅。

跑步老手们也能根据本书中设定的时间目标，找到合适的训练方案。你会发现许多让比赛更富趣味的训练方法。资深跑者进行速度训练时仍要留意：多数伤病都会在这个阶段发生，还是稳妥为妙。

在书中，你还会发现享受步行、慢跑和速度练习的一系列方法。随着挑战成功，你的能力会得到延伸，处理生活中的其他困难也会更加容易。耐力运动把体能、精神以及灵魂三者合一，产生独特的成就感与乐观精神。

本书会向读者提供一系列工具，帮助你控制体能、思想、耐力、疲劳、疼痛，以及活力。通过使用上述元素相互结合的体系，你不会受到伤病的困扰，并将收获更快乐的跑步体验。

书中的经验适用于所有程度和类型的跑者，这些经验来自本人 50 年的跑龄，以及超过对 50 万名跑者的在线指导、校园团队训练、恢复治疗、撰写图书与个别辅导的经历。不过，书中的任何经验都不能代替医学建议。如果觉得有必要，还是应该向医生求助。

向所有挑战自我者致敬。如果你还没有尝试跑过 5 公里或 10 公里，那么现在就开始迎接挑战吧！你的能力，远远超过你的想象。

#2

设定目标与优先级

只要重视若干关键因素，你就有机会在耐力运动中体验满足。如果你在准备自己的第一个 5 公里或 10 公里赛事，我建议你选择“完赛”计划，采用跑走结合的稳妥方法，来进行每一项练习。请认真阅读“跑－走－跑”章节，这一策略可以降低受伤与疼痛的风险。

第一场比赛获胜十分重要——其实每个人都可以做到。即使参加过 20 场或 100 场比赛，你或许依然对首场比赛的情形记忆犹新。你的任务就是认真对待训练和比赛，这样才能留下一段美好的回忆。下面的 3 个目标，能让你在训练和比赛中产生更有效的激励：

初次参加 5 公里 /10 公里跑者的 3 个目标

★保持用正确姿势跑完

★面带微笑

★还想再来一次

跑步的乐趣

寻找一种能享受跑走结合和速度练习（如果你以成绩为目标）的跑步方式。在大多数情况下，跑走结合是种享受，可以加入社交、观景和精神调节等元素。如果能从练习中获得快乐，就更容易长期坚持，因此，至少每周得有一次跑步锻炼。

不要受伤

在受伤后反思训练过程，会发现伤病的原因。请把过去发生的问题和反复遇到的困难列成表格，在读完本书的第 22、第 23 章后，做出相应的调整与改进。与我共事的多数跑者都会发现，本书中提供的保守型训练计划与调整建议，能够预防几乎所有的跑步损伤。

避免过度练习和疲劳

所有人都能感知过度训练和疲劳的信号，然而多数人都会忽略这一点，或并不懂得这些信号的含义。如果写训练日记，那就可以追踪疼痛、情绪低落、不常见的疲劳等信号。每天花几分钟记下“特殊的事”，能够帮助你掌握未来的训练。

掌握自己的方向

当你能够平衡训练与休息时，耐力练习就会带来前所未有的满足感和成就感。显然，这有利于身心健康。当使用本书中的监测手段时，我们就能避免过度疲劳和运动损伤，同时提高体能、享受乐趣。

何时去追求成绩

在追求时间目标前，请先完成至少一场比赛。我强烈建议各个层次的跑者，在每次尝试跑更远距离或更快速度之前，都要保证具有相应的能力。当顺利完成第一场比赛后，你就会发现：为挑战时间目标而训练，是多么有趣的事。许多经验丰富的跑者（包括我）都决定保持现有的能力水平，按照“完赛”的策略去对待大多数比赛，这样可以让每次比赛都是一段愉快而积极的体验。

我鼓励大家都去参加耐力运动。几乎所有完成目标的人都会感到自己内心的强大，这种体验是如此神奇和深奥，这就是人类的天性。享受运动吧！

#3

重要健康信息

医学检查

在开始长期训练前，请找医生检查身体。告诉医生你过往的心脏问题，其他的健康风险或是伤病情况（如果有的话）。首先，请告诉医生你在未来一年内的跑步计划，医生几乎会允许每个人去进行健身跑。但是，如果他对你的计划提出反对，就要谨慎地找出原因了。

只有极少数健康状况非常差的人，无法按照跑走结合的方法持续锻炼。当医生不同意你去跑步时，我建议你找一个后备健身方案。许多健康专家说，从历史上看，运动可能是应用最多的治疗方法。最好的医学顾问，通常也会让你适当运动来保持健康——除非特殊原因不能那么做。

注意：
本书中的信息，都是跑者之间的建议性内容，而不是医学建议。在必要时向医生等专业人士求助，不但可以让你更顺利、更快捷地解决问题，还能增加你的信心，激励你坚持运动，以及减轻焦虑。

风险：心脏病、肺感染、速度训练有关的损伤

通常情况下，跑步能够增进心血管健康。但是，最终死于心脏病的跑者，要比死于其他原因的更多。跑步人群与少动人群的心脏病风险，没有太大差别。与其他人群类似，跑者通常也不会了解自己面临的严重健康风险。通过几个简单的测试，以及采取适当的对策，跑者和健走者都可以减少这类风险。

这部分的内容，可以帮助你了解自己的心脏和心血管健康情况，使最重要的器官保持在健康水平。你还需要找到了解你健康状况的医生，获取更详细、更具体的建议，医生对运动改善心血管循环的效果更为熟悉。

风险因素

下列症状，如果你出现 2 项以上，或者任何一项严重症状，请找医生检查身体。

◎家族病史

◎早先的不良生活方式（酗酒、吸毒、营养不良等）

◎高脂肪或高胆固醇饮食

◎吸烟

◎肥胖或严重超重

◎高血压

◎高胆固醇

测试

◎压力测试：在逐渐增加难度的跑步或连续步行过程中监测心脏。

◎测量胆固醇。

◎ C- 反应蛋白：风险提高的指标之一。

◎心脏扫描：对心脏进行电扫描，显示钙化以及变窄的动脉。

◎放射染色实验：能非常有效地显示血栓的位置，记得把结果告诉医生。

◎颈动脉超声波检查：测试你是否有中风危险。

◎踝肱指数测试：显示动脉中的血小板阻塞。

没有什么能做到万无一失。但是通过与医生配合，你依然有可能跑到 100 多岁，直到肌肉再也不能驱动身体前进。

当我感冒时应该继续跑步吗？

感冒时，人的病情千差万别。请致电医生询问具体情况。

肺部感染：

不要跑！肺部病毒有可能扩散到心脏并导致生命危险。肺部感染的信号通常是咳嗽。

普通感冒：

有许多感染，最初的形式与感冒类似，但是后果更为严重。至少去看看医生再做决定吧。请说明你想跑或走多远，以及服用何种药物。

咽喉与脖子以上的症状：

多数情况下依然可以慢跑，但是也请听从医生的意见。

速度的风险

在速度练习时，存在伤病和心脏隐患两类风险。在开始速度练习前，请先得到医生的许可。本书中的建议倾向于保守，当遇到问题时，请适当休息数日，或者放慢速度。换句话说，越保守，越安全。

#4

实用建议：鞋服、装备等

在这个日益复杂的世界里，跑步和健走能够带来平静。最简单的办法是：试着从家里出发，沿着街道和人行道跑到办公室。你没必要非得加入健身俱乐部，或是购买多么昂贵的装备。虽然与别人一起跑或走能够充满动力，但是最好还是独自完成多数练习，来达到最佳效果。如果你在训练时偶尔能有后援团（训练伙伴、医生、跑鞋专家等），那就再好不过了。你还能在跑者聚会时遇到各路跑步高手。

便利

在家或办公室附近就能跑步的人，更有可能按照计划完成练习。

鞋：基本投资，价格通常在 69-100 美元之间

大多数跑者都能做出明智的选择：在购买跑鞋时多花些功夫。毕竟，对于跑步，鞋是最重要的装备。当穿着舒适合脚的鞋子时，跑步就变得更容易，还能减少水泡、疲劳以及伤痛。

买鞋并不容易，给你的建议就是——寻找最好的建议。选择在一家靠谱的跑步商店里购买，与自行选择相比，向店员求助能够节约选购时间，还能找到更合适的鞋。

先买训练鞋

去住所附近的跑步商店，找经验最丰富的店员求助。你首先需要一双能进行轻松长跑的鞋，资深跑者还会购买专门的比赛用鞋（或是轻型训练鞋）。在购买跑鞋时，请带着你平时最常穿的鞋（任何鞋），以及穿过的较为合脚的跑步鞋。如果你觉得需要购买比赛鞋，请先确保已经顺利经过了数周训练。

谁需要比赛用鞋?

在多数情况下，比赛用鞋的作用十分有限：最多也就是每公里快几秒钟。如果你觉得这对你的时间目标很重要，那就考虑买一双吧。比赛用鞋的中底材料更容易塌缩，不如训练鞋耐久。有的轻量型比赛用鞋，甚至跑到 10 公里的后半段时，鞋底就被压扁了。超重跑者更容易穿废这种鞋。在经过几周速度训练后，如果你发现训练鞋的鞋底开始变得僵硬，或是过于沉重，而自己的水平进步较快，那么就可以试试更轻便的跑鞋了。多数人会买轻型训练鞋用于速度练习，因为它较比赛用鞋更为结实耐用。当你逐渐习惯跑步并且适应快跑后，就可以买更轻的鞋用于速度练习和比赛了。

手表

任何有秒表功能的手表都可以准确记录比赛和速度练习的时间，请向店员了解如何使用秒表功能。有的手表还能自动识别跑步、走路和休息，在每段跑步训练结束后发出提示音，在走路结束时再次提示。你可以访问 www.runinjuryfree.com 查看更多关于手表的内容。

衣服：首先要舒适

本书末尾的“穿衣温度表”是个好参考。在夏季，你希望服装轻巧且凉爽；而在冬季，多穿几层是最好的办法，并且带抓绒的服装才能温暖舒适。但是，跑步未必非得穿着最新科技的服装。在多数时候，最普通的跑鞋、短袖衫、短裤就足够用了。随着你的跑步计划不断深入，你会发现那些能够对付恶劣天气和增加信心的服饰。当坚持跑步或走路数周后，给自己买件衣服是很好的奖励。

训练日记

使用训练日记，你可以提前计划训练，然后回顾经验教训，进而掌控未来的训练。你会发现，写下每天的训练内容能够成为习惯性激励，偶尔漏写就像突然失去了动力。请阅读关于训练日记的章节，通过训练日记让跑步变得有趣和富有实效。

在哪儿跑或走

如果能根据不同的训练计划选择不同的场所，就会事半功倍，请从下列选择中选至少 2 种场所。

◎长跑：风景优美有趣、既有铺装路面又有软地面的场所，最适合长跑。如果能提前在比赛的路线上跑，会更有帮助。

◎速度练习：（只有试图挑战的资深跑者才会进行这种训练）标准田径场最好。但是，GPS 手表或其他能够精确测量路线的工具能让你在任何场所练习。

◎比赛：请仔细研究路线，不要参加那些多山多弯的赛事。如果你习惯了跑上下坡，也要谨慎参加平路较多的比赛（如果不习惯跑平路，就会更容易疲劳）。

路跑或场地跑步训练

任何安全并且地表牢固的地方。

安全是第一要务

选择交通流量较小、犯罪案件极少的环境跑步。选择至少两条路线，富有变化可以让你更有动力。

路面

只要穿着具有良好减震作用的跑鞋，柏油路和水泥路都不会对双腿和身体造成太大的冲击。平坦的土路或石板路适合多数跑者或健走者进行轻松锻炼。在不平坦的地面上行走要格外小心，尤其是在你的脚踝脆弱，或脚有问题的时候。当在某种地形进行速度训练时，请先向熟悉这种跑步环境和跑鞋的人请教，如何才能避免水泡等问题。请小心跑步路线的障碍物，平地是最好的练习环境。

找到训练伙伴

在进行长跑训练或轻松跑时，请不要盲目跟随比你快的人，除非他（她）愿意为你放慢脚步。如果遇到愿意慢下来等你，甚至跟你边跑边聊的人，真是太让人激动了。只要不是埋头快跑，或是累得喘不上气，你们可以愉快地讲个故事、说个笑话、分享经验……。在训练中结成的友谊是最长久、最牢固的。不过，在速度练习时，如果你能按照适合自己的速度，去跟随一个比较快的人，这对提高练习效果很有帮助。

回报

只要勤于付出，练习得法，一定会有积极的回报。顶着暑热完成了一天的艰苦训练后，去吃一顿冷饮大餐，跳进游泳池；或是在进行完长跑训练后，找一家特色饭店……所有这些都可以让你本周或本月的下一次训练更为成功。特别奖励还包括在跑步后的 30 分钟内可以吃一些含有 200-300 卡路里、20% 蛋白质和 80% 碳水化合物的甜食。Accelerade 和 Endurox R4 等营养食品就是按照这一比例制作的，购买和食用都很方便，能够加速恢复。

与日历有个约会

在日历或跑步日记中，按照本书中的计划，至少提前一周列出每星期的跑步计划。由于计划是按周排列的，你可以把它作为指导。当然，在必要时也可以有所变动。不过，跑步计划应该尽量确定，这样你才能为完成计划去训练。这就好比是与上司或重要客户的约谈，实际上，在跑步方面，你就是自己最重要的客户。

出门的动机

在三种情况下，训练难度会有所提高。①早上。②下班后。③高强度训练前。在本书关于激励的部分中，你会发现如何应付这些困难。如果你能把跑步变成有规律的习惯，并且体验到运动的乐趣，那么就更能坚持。当你做好准备，用合适的速度去跑或走，你就会有更好的身心感受和更好的人际关系，因此可以更加享受一天中的其他时刻。训练中的快乐是让你坚持锻炼的动机。

短距离：跑步机与路跑相似

越来越多的跑者或健走者选择在跑步机上完成 50% 以上的训练，特别是那些有孩子的人。不过，跑步机显示的里程和速度数值通常比实际的大（约 10%）。不过，当你在跑步机上按照指定的时间，用习惯的强度去训练时（不至于气喘吁吁），所获得的效果基本符合预期。为了得到足够的训练量，请增加 10% 的里程。

练习前通常不需要吃东西

多数人在参加持续时间 1 小时以下的运动时，是不需要吃东西的，例外的是那些糖尿病患者和血糖有严重问题的人。许多跑者认为，如果运动前 1 小时喝一杯咖啡，就能改善运动期间的感觉。咖啡因可以快速作用于中枢神经系统，刺激跑步等运动时需要调用的其他人体系统。

如果你在下午时经常血糖很低，吃含有 100-200 卡路里、80% 碳水化合物与 20% 蛋白质比例的甜食会很有帮助，比如上述的 Accelerade 食品。

#5

盖洛威跑－走－跑方法

“步行休整能让你控制双腿与身体的疲劳。”

除了我的跑－走－跑方法，恐怕你不能找到其他颇有帮助的训练方案。在每个星期，我都不断感到惊喜，因为自己的这套方法让越来越多的跑者享受比赛，提高成绩。适当的步行休息，能够让跑者减少疲劳和压力，增加信心和乐趣，加快恢复体能，以及更好地完成比赛。下面是具体措施。

在疲劳到来前就改为步行

多数人，包括那些未经训练者，都可以在疲劳降临前连续步行数公里，因为步行是人类可以坚持数小时并保持效率的体力活动。相比之下，跑步更消耗体力，因为你需要反复让身体腾空，然后还要吸收落地时的冲击。比起跑走结合，反复使用某些肌肉持续跑步（在两者速度两者相同的情况下），更容易产生疲劳。如果你在肌肉感到疲劳前就改为步行，那么就可以让肌肉立刻放松休息，这能让你更有能力完成训练，并且避免次日的酸痛不适。

这一“方法”需要策略。通过调整配速（完成每英里或每公里所用的时间），按照一定比例分配的跑-走结合，你就可以“管理”疲劳。如果在早期就采用这种减缓疲劳的方法，那么就能及时调节身心状态，应对随后的困难。即使你不需要依靠这种方法产生力量和耐力，在跑步后也会感觉更好，并且认为自己还能跑得更快。

“跑－走－跑方法非常简单，跑上一段，然后走一会儿，并且不断重复这一过程。”

步行休整能让你控制疲劳，更进一步地说，是享受每一次跑步。及时采用跑走结合的方法，能够保存体力，即使是在完成了对你来说非常长的距离后，依然可以留有余力。初学者可以跑一小段走一小段。精英跑者也会发现，在跑步时偶尔穿插步行能够加快恢复。在长跑结束后，不见得非要累得筋疲力尽不可。

步行休整

◎让你控制跑步结束后的感觉
◎减轻疲劳
◎延缓疲劳出现的时间
◎在步行时可以产生更多的内啡肽，改善运动体验。
◎把长距离变为可以有效管控的小段落（例如以每隔“两分钟”为一段）
◎加快恢复
◎减少伤痛风险
◎跑完后感觉更轻松，一天中的其他时间不会出现持续疲劳
◎让你在不感到疼痛的前提下，用足够的耐力完成跑步计划
◎帮助年龄较大、体重较重的跑者尽快恢复，重获年轻（或苗条）时的体验

行走的步幅短而轻快

小步幅的慢走效果更好。不论是跑是走，当步长过大时，就会导致小腿不适。享受放松的行走吧。

没有必要一步不歇

许多初跑者把目标定在有朝一日可以一步不歇地跑完想跑的距离。这是个人选择，但不必强求。记住，跑－走－跑的比例由你来决定。没有这样的硬性规定：一定要在某天按照某个跑走比例去练习。你只需要根据舒适度调整走和跑的比例和节奏，只要能控制疲劳即可。

我已经跑步 50 年了，由于可以中途步行休息，现在我比以往都更喜欢跑步。每次跑步都让我在随后的一天中更有活力。如果没有在跑步中加入适当的步行内容，那么我宁可不跑。在每次跑步前，我都会慢走几分钟作为热身。如果参加 3 公里比赛，我会每隔 3-4 分钟走路调整一会儿；如果参加 8 公里比赛，我会每隔 7-10 分钟步行休息。

在一年里也有那么几天，我每跑 3 分钟，或者 1 分钟，就要走上一会儿。在进行长距离跑时，我每跑一两分钟就走 20 秒，并全程保持这一比例。

如何追踪步行休整

可以用带有声音提示功能的手表来提醒何时行走以及何时跑步。请登录我们的网站（www.jeffgalloway.com）或好的跑步商店来选购心仪的手表。

长距离跑的步行休息

更长的长距离训练，能够提高你参加 5 公里或 10 公里跑时的速度。即使你完成了 20 多公里的跑步训练，步行休息也可以让你加快恢复，在短短数日内就可以继续进行高强度速度练习。你可以按照下列计划安排步行休息，也可以走更多距离，或是把跑 / 走 / 跑的循环进一步细化。例如："跑 1 分钟 / 走 2 分钟"，可以进一步分解为"跑 30 秒 / 走 60 秒"。

长跑时的配速	跑 x 分钟 / 走 x 分钟
08'00/ 英里	跑 4 分钟 / 走 30 秒
08'30"/ 英里	跑 4 分钟 / 走 45 秒
09'00"/ 英里	跑 4 分钟 / 走 1 分钟
09'30"/ 英里	跑 3 分 30 秒 / 走 1 分钟
10'00"/ 英里	跑 3 分钟 / 走 1 分钟
10'30"/ 英里	跑 2 分 45 秒 / 走 1 分钟
11'00"/ 英里	跑 2 分 30 秒 / 走 1 分钟
11'30"/ 英里	跑 2 分 15 秒 / 走 1 分钟
12'00"/ 英里	跑 2 分钟 / 走 1 分钟
12'30"/ 英里	跑 1 分 30 秒 / 走 1 分钟
13'00"/ 英里	跑 1 分钟 / 走 1 分钟
13'30"/ 英里	跑 30 秒 / 走 30 秒
14'00"/ 英里	跑 30 秒 / 走 30 秒
14'30"/ 英里	跑 30 秒 / 走 40 秒
15'00"/ 英里	跑 30 秒 / 走 50 秒
15'30"/ 英里	跑 30 秒 / 走 1 分钟
16'00"/ 英里	跑 30 秒 / 走 1 分钟
16'30"/ 英里	跑 25 秒 / 走 1 分钟
17'00"/ 英里	跑 25 秒 / 走 1 分钟
17'30"/ 英里	跑 20 秒 / 走 1 分钟
18'00"/ 英里	跑 20 秒 / 走 1 分钟
18'30"/ 英里	跑 15 秒 / 走 1 分钟
19'00"/ 英里	跑 15 秒 / 走 1 分钟
19'30"/ 英里	跑 15 秒 / 走 1 分钟
20'00"/ 英里	跑 10 秒 / 走 1 分钟

5 公里 /10 公里比赛中的步行休息

注意：
如果你在最后 1 公里依然感觉体力充沛，可以尽情地跑。

跑步时的配速	步行休息时长
07'00-07'59"/ 英里	每英里步行休息 10-20 秒
08'00-08'59"/ 英里	每英里步行休息 20-30 秒
09'00-09'59"/ 英里	每英里步行休息 30-40 秒
10'00-10'59"/ 英里	每跑 6 分钟，步行休息 30 秒
11'00-11'59"/ 英里	每跑 5 分钟，步行休息 30 秒
12'00-12'59"/ 英里	每跑 4 分钟，步行休息 30 秒
13'00-13'59"/ 英里	每跑 3 分钟，步行休息 30 秒
14'00-14'59"/ 英里	每跑 2 分钟，步行休息 30-40 秒
15'00-15'59"/ 英里	跑 40 秒 / 走 1 分 30 秒
16'00-16'59"/ 英里	跑 30 秒 / 走 30 秒
17'00-17'59"/ 英里	跑 20 秒 / 走 30 秒
18'00-18'59"/ 英里	跑 15 秒 / 走 30 秒
19'00-19'59"/ 英里	跑 10 秒 / 走 30 秒

#6

“神奇 1 英里”赋予你目标及配速

在本章，5 公里和 10 公里跑的初次参加者可以学到如何合理安排长距离跑或比赛配速。资深跑者能够了解改进空间，以及能否达到计划中的各个时间目标。在你接近目标时，可以用“盖洛威表现预测”（Galloway Performance Predictor）来预测比赛成绩，以及根据温度等因素进行调整。

预测方法

在 10 年前，我就开始用被称为“1 英里实验”（即“神奇 1 英里”（Magic Mile），1 英里 =1600 米）作为预测工具。在经过几千名跑者的尝试后，我发现在一个训练周期内至少测试 4 次者，能够得出这段时期内对比赛成绩较为理想的预测值。

这项 1 英里跑测试的结果，可以帮助你预测目前的比赛实力。在这个时间基础上，增加 33 秒，可以得出你跑 5 公里时的配速；将这个时间乘以 1.15，就是你在 10 公里比赛中的配速。

长跑配速：再慢也不慢

比赛时的配速，应该比“神奇 1 英里”预测时得到的配速慢 3 分 30 秒 / 英里。如果气温高于 14 摄氏度，那么温度每升高 1 摄氏度，就在此基础上至少再减速 30 秒 / 英里，越慢越好。因为你在长距离跑后的数日内，还要安排速度练习，因此长距离慢速跑能够让你尽快恢复体力，同时提升耐力。

为了达到“盖洛威表现预测”的比赛成绩目标：

◎你必须按照本书的 5 公里 /10 公里指导原则，完成相应的训练。

◎你不能受伤。

◎以平均配速完成跑步。

◎比赛时的天气适合出成绩。理想状态是温度不超过 14 摄氏度，没有明显顶风，以及雨雪。

◎比赛时不需要穿越人群（那样会使你超出跑步距离），地面没有起伏，并尽量匀速完成。

如何进行“神奇 1 英里”测试?

1. 去标准操场，或者其他能够精确测量长度的场地。1 英里相当于标准操场跑道 4 圈的长度。

2. 走 5 分钟作为热身，然后跑 1 分钟，再走 1 分钟，然后慢跑 800 米（0.5 英里，2 圈）。

3. 跑 4 组加速跑，或 4 组步幅练习，随你选择。（详见第 11 章）。

4. 走 3-4 分钟。

5. 正式开始 1 英里计时跑。在 50-100 步之内，达到稍快些但能维持的速度。在随后的跑步中，可以使用本章中的跑走结合方法，也可以一路跑着。即使在走路休息时，也不要关掉手表，直到跑完 4 圈后再停表。

6. 在第一次“神奇 1 英里”测试时，不要跑得过快，选择一个恰好能够坚持的速度就可以了。

7. 反向重复 2-5 的过程，作为整理放松。

8. 学校里的标准操场是最好的选择。不要使用跑步机，因为跑步机通常是未经校准的，显示的数字可能比实际的虚高。带有 GPS 功能或加速度计的手表也能精确测量距离，但最好还是在操场上完成。

9. 在随后的“神奇 1 英里”测试中，请调整配速，才能越跑越快。

10. 使用下面的公式，查看具体的时间预测。

进行“神奇 1 英里”测试后，我应该怎么跑?

在以后的“神奇 1 英里”测试中，可以不断加快速度，越跑越快。到第 4 次或第 5 次跑的时候，你就能达到潜力中的水平。在本书的训练计划中，我指导的大部分跑者，都会在之后的多数“神奇 1 英里”测试中越跑越快。

请用比平均速度略慢的速度去完成第 1 圈。在需要时，按照本章的跑－走－跑方法，步行一段作为休息。如果不喘粗气，请在第 2 圈稍稍加快速度。如果你跑完一圈就喘得厉害，请用同样的速度，或者稍慢的速度去跑第 2 圈。在第 3 圈结束时，也可以走走作为休息。如果在最后 1 圈速度下降，那么请在下次测试的起始阶段慢一些。当结束测试时，你应当感觉以刚才的速度最多还能再跑半圈。通过实验和调整，你也许会发现，自己在这项测试中不需要太多的步行休息。最后时刻不要冲刺，因为这样可能导致损伤。

盖洛威表现预测

★第 1 步

进行“神奇 1 英里”速度测试。（400 米 / 圈的标准操场跑 4 圈，约 1600 米；对应的 5 公里为标准操场 12.5 圈，10 公里为 25 圈）

★第 2 步 a

在测得的 1 英里跑用时的基础上，加 33 秒，得出竭尽全力跑 5 公里比赛时的配速。

★第 2 步 b

在测得的 1 英里跑用时的基础上，乘以 1.15，得出竭尽全力跑 10 公里比赛时的配速。

建议长跑训练配速

在根据第 2 步得到的 5 公里和 10 公里配速的基础上，每英里用时加大约 3 分，就是建议的长跑配速。当然，你也可以跑得比这个速度再慢些。

举例

测得 1 英里跑用时：10 分钟

当前的 5 公里跑能力为：按照 06'33"/ 公里的配速完成。

当前的 10 公里跑能力为：按照 07'08"/ 公里的配速完成。

建议的长跑配速为

5 公里跑 -08'42"/ 公里

10 公里跑 -09'19"/ 公里

（跑得更慢也没关系）

“神奇 1 英里”中如何步行休息? 这取决于你的选择。多数人发现只需要在中间阶段走 10-20 秒，就能提高成绩。

第一次参加 5 公里 /10 公里跑——只求完成

我强烈建议初次尝试者不要去挑战时间目标。就比赛过程而言，我推荐在前半程按照训练速度去跑，在比赛的后半程可以随意跑。

追求时间目标的跑者可以乐观预测成绩

我从不介意那些接受在线指导的跑者们，在进行比赛时，用比“神奇 1 英里”所预测的成绩更短的时间作为目标。当你进行速度练习和长距离跑之后，肯定能有所长进。问题在于：究竟能提高多少？

根据我个人的经验，“乐观”预测的范围是：在经过三个月的训练后，成绩能够有不超过 3% -5% 的进步。

测算的 1 英里跑 用时（T）	快速跑 5 公里配速 T+00'33"	快速跑 10 公里配速 T×1.15	长跑训练配速 T×1.15+03'00"
05'00"	05'33"/ 英里	05'45"/ 英里	08'45"/ 英里
05'30"	06'03"/ 英里	06'19"/ 英里	09'30"/ 英里
06'00"	06'33"/ 英里	06'54"/ 英里	10'00"/ 英里
06'30"	07'03"/ 英里	07'28"/ 英里	10'30"/ 英里
07'00"	07'33"/ 英里	08'03"/ 英里	11'00"/ 英里
07'30"	08'03"/ 英里	08'38"/ 英里	11'30"/ 英里
08'00	08'33"/ 英里	09'12"/ 英里	12'00"/ 英里
08'30"	09'03"/ 英里	09'47"/ 英里	12'45"/ 英里
09'00	09'33"/ 英里	10'21"/ 英里	13'30"/ 英里
09'30"	10'03"/ 英里	10'55"/ 英里	14'00"/ 英里
10'00	10'33"/ 英里	11'30"/ 英里	14'30"/ 英里
10'30"	11'03"/ 英里	12'05"/ 英里	15'00"/ 英里
11'00"	11'33"/ 英里	12'39"/ 英里	15'40"/ 英里
11'30"	12'03"/ 英里	13'14"/ 英里	16'15"/ 英里
12'00"	12'33"/ 英里	13'48"/ 英里	17'00"/ 英里
12'30"	13'03"/ 英里	14'23"/ 英里	17'30"/ 英里
13'00"	13'33"/ 英里	15'00"/ 英里	18'00"/ 英里
13'30"	14'03"/ 英里	15'33"/ 英里	18'30"/ 英里
14'00"	14'33"/ 英里	16'06"/ 英里	19'00"/ 英里
14'30"	15'03"/ 英里	16'40"/ 英里	20'00"/ 英里
15'00"	15'33"/ 英里	17'15"/ 英里	20'15"/ 英里
15'30"	16'03"/ 英里	17'50"/ 英里	21'00"/ 英里
16'00"	16'33"/ 英里	18'24"/ 英里	21'30"/ 英里

◎进行“神奇 1 英里”测试。
◎如果正在训练参加 5 公里 /10 公里比赛，请用上表预测当前的能力。
◎在 3%-5% 的范围内，选择经过训练后能够提高的程度。
◎参考第 2 章中关于时间目标的内容，下面就是你的时间目标。

预测配速	3% 提升（2–3 个月训练后）	5% 提升（2–3 个月训练后）
20'00"/ 英里	00'36"/ 英里	1'00"/ 英里
18'00"/ 英里	00'33"/ 英里	00'54"/ 英里
16'00"/ 英里	00'27"/ 英里	00'48"/ 英里
14'00"/ 英里	00'25"/ 英里	00'42"/ 英里
12'00"/ 英里	00'21"/ 英里	00'36"/ 英里
10'00"/ 英里	00'18"/ 英里	00'30"/ 英里
9'00"/ 英里	00'16"/ 英里	00'27"/ 英里
8'00"/ 英里	00'14"/ 英里	00'24"/ 英里
7'00"/ 英里	00'12"/ 英里	00'21"/ 英里

设立目标的关键是保持自我监督。从本人的经验看，获得 3% 的提升是比较现实的。这意味着，如果现在预测出你参加 10 公里比赛的最好水平是 10 分钟 / 英里的速度，那么按照本书中的计划进行速度训练和长距离训练后，平均每英里用时有望减少 20 秒。

坚持跑步超过 2 年，没有受过伤的人，可以尝试获得 5% 的更大幅度的提升，这意味着平均每英里用时减少 30 秒。

无法取得进步的原因

◎过度训练导致疲劳，如果是这样，请减少训练量，或是增加一天休息日。
◎目标超过了当前的能力水平。
◎训练不够系统，或是不能坚持训练计划。
◎温度高于 14 摄氏度，导致速度下降。
◎当使用不同的测试路线时，有的路线长度没有经过精确测定，或是遇到起伏较大、顶风等情形。

最终实测

比赛前最后两次“神奇 1 英里”测试，对预测比赛成绩非常重要。你也许会使劲快跑，让成绩预测值更“好看”些。

使用训练日记

记下“神奇 1 英里”测试中，跑完 1 英里所花费的时间，以及每圈的用时。这可以帮助你调整后续测试的速度。

#7

赛季前的调整

本计划开始前的背景

◎坚持步行锻炼至少 3 周。

◎每周最少抽出 3 天锻炼，每次锻炼至少 15 分钟。

◎没有发生影响连续训练的伤病。

◎告诉医生你的健身计划，在开始前得到他（她）的许可。

注意：

下面是关于健走者与跑者的锻炼计划。假设从零基础起步练习，如果你已经进行过 3 个月以上的慢跑练习，请直接查看你目前已达到距离的训练方案。例如：能够在周末健身时完成 2 英里（3.2 公里）的健走者或跑者，请直接查看第 6 周计划；能完成 5 公里和 10 公里的资深跑者，他们的长距离跑能力已经是本计划的上限，但也不妨从本计划的第 1 周开始再来一遍。

周一	周二	周三	周四	周五	周六	周日
第 1 周：在跑走交替日，跑者跑 00'05"/ 走 00'55"，健走者只需步行						
10'00" 跑走结合	15'00" 步行	13'00" 跑走结合	18'00" 步行	休息	1.6 公里 跑走结合	休息 / 步行

周一	周二	周三	周四	周五	周六	周日
第 2 周：在跑走交替日，跑者跑 00'05"/ 走 00'55"，健走者只需步行						
15'00" 跑走结合	20'00" 步行	17'00" 跑走结合	22'00" 步行	休息	2 公里 跑走结合	休息 / 步行

周一	周二	周三	周四	周五	周六	周日
第 3 周：在跑走交替日，跑者跑 00'10"/ 走 00'50"，健走者只需步行						
19'00" 跑走结合	24'00" 步行	21'00" 跑走结合	26'00" 步行	休息	2.4 公里 跑走结合	休息 / 步行

周一	周二	周三	周四	周五	周六	周日
第 4 周：在跑走交替日，跑者跑 00'10"/ 走 00'50"，健走者只需步行						
23'00" 跑走结合	28'00" 步行	25'00" 跑走结合	30'00" 步行	休息	2.8 公里 跑走结合	休息 / 步行

周一	周二	周三	周四	周五	周六	周日
第 5 周：在跑走交替日，跑者跑 00'10"/ 走 00'50"，健走者只需步行						
27'00" 跑走结合	30'00" 步行	29'00" 跑走结合	30'00" 步行	休息	3.2 公里 跑走结合	休息 / 步行

周一	周二	周三	周四	周五	周六	周日
第 6 周：在跑走交替日，跑者跑 00'15"/ 走 00'45"，健走者只需步行						
30'00" 跑走结合	30'00" 步行	30'00" 跑走结合	30'00" 步行	休息	3.6 公里 跑走结合	休息 / 步行

周一	周二	周三	周四	周五	周六	周日
第 7 周：在跑走交替日，跑者跑 00'15"/ 走 00'45"，健走者只需步行						
30'00" 跑走结合	30'00" 步行	30'00" 跑走结合	30'00" 步行	休息	4 公里 跑走结合	休息 / 步行

周一	周二	周三	周四	周五	周六	周日
第 8 周：在跑走交替日，跑者跑 00'15"/ 走 00'45"，健走者只需步行						
30'00" 跑走结合	30'00" 步行	30'00" 跑走结合	30'00" 步行	休息	4.4 公里 跑走结合	休息 / 步行

注意：

如果你需要把为期 1 周的练习延长至数周，只管去做。练习者应当毫无压力和伤病地完成上述适应性训练。如果出现不适，请休息。上表中的时间为时长。

#8

以“完赛”为目标的训练计划

本训练计划为那些挑战人生第一个 5 公里或 10 公里，或者把目标定位在“完赛”（完成比赛）的跑者设计。在开始按照下列计划练习前，“长跑”的长度大约在 1 英里（1.6 公里）之内。在每周 2 次的跑步中，单次时长不应少于 30'00"。如果你还没有按照上一章的适应性计划进行足够准备，请先打好基础，再谨慎开始本章的计划。

符号：

（xx= 在进行长距离跑时，配速比“神奇 1 英里”测得的 10 公里比赛配速慢 03'30"/英里）

（MM=“神奇 1 英里”，在每次跑步练习的中段进行）

5 公里：以“完赛”为目标

能够比建议训练量跑得更多的跑者，可以按照他们习惯的跑走比例或持续跑步进行练习。

周一	周二	周三	周四	周五	周六	周日
第 1 周：在跑走交替日，跑者跑 00'15"/ 走 00'45"，健走者只需步行						
30'00" 跑走结合	30'00" 步行	30'00" 跑走结合	30'00" 步行	休息	4.8 公里	休息 / 步行

周一	周二	周三	周四	周五	周六	周日
第 2 周：在跑走交替日，跑者跑 00'15"/ 走 00'45"，健走者只需步行						
30'00" 跑走结合	30'00" 步行	30'00" 跑走结合	30'00" 步行	休息	5.6 公里 跑走结合	休息 / 步行

周一	周二	周三	周四	周五	周六	周日
第 3 周：在跑走交替日，跑者跑 00'20"/ 走 00'40"，健走者只需步行						
30'00" 跑走结合	30'00" 步行	30'00" 跑走结合	30'00" 步行	休息	3.2 公里 MM	休息 / 步行

周一	周二	周三	周四	周五	周六	周日
第 4 周：在跑走交替日，跑者跑 00'20"/ 走 00'40"，健走者只需步行						
30'00" 跑走结合	30'00" 步行	30'00" 跑走结合	30'00" 步行	休息	6.4 公里 跑走结合	休息 / 步行

周一	周二	周三	周四	周五	周六	周日
第 5 周：在跑走交替日，跑者跑 00'25"/ 走 00'35"，健走者只需步行						
30'00" 跑走结合	30'00" 步行	30'00" 跑走结合	30'00" 步行	休息	3.2 公里 MM	休息 / 步行

周一	周二	周三	周四	周五	周六	周日
第 6 周：在跑走交替日，跑者跑 00'25"/ 走 00'35"，健走者只需步行						
30'00" 跑走结合	30'00" 步行	30'00" 跑走结合	30'00" 步行	休息	7.2 公里 跑走结合	休息 / 步行

周一	周二	周三	周四	周五	周六	周日
第 7 周：在跑走交替日，跑者跑 00'30"/ 走 00'30"，健走者只需步行						
30'00" 跑走结合	30'00" 步行	30'00" 跑走结合	30'00" 步行	休息	目标比赛	休息 / 步行

注意：上表中的时间为时长。

10 公里：以“完赛”为目标

能够比建议训练量跑得更多的跑者，可以按照他们习惯的跑走比例或持续跑步进行练习。

周一	周二	周三	周四	周五	周六	周日
第 1 周：在跑走交替日，跑者跑 00'15"/ 走 00'45"，健走者只需步行						
30'00" 跑走结合	30'00" 步行	30'00" 跑走结合	30'00" 步行	休息	4.8 公里 跑走结合	休息 / 步行

周一	周二	周三	周四	周五	周六	周日
第 2 周：在跑走交替日，跑者跑 00'15"/ 走 00'45"，健走者只需步行						
30'00" 跑走结合	30'00" 步行	30'00" 跑走结合	30'00" 步行	休息	5.6 公里 跑走结合	休息 / 步行

周一	周二	周三	周四	周五	周六	周日
第 3 周：在跑走交替日，跑者跑 00'15"/ 走 00'45"，健走者只需步行						
30'00" 跑走结合	30'00" 步行	30'00" 跑走结合	30'00" 步行	休息	6.4 公里 跑走结合	休息 / 步行

周一	周二	周三	周四	周五	周六	周日
第 4 周：在跑走交替日，跑者跑 00'20"/ 走 00'40"，健走者只需步行						
30'00" 跑走结合	30'00" 步行	30'00" 跑走结合	30'00" 步行	休息	4.8 公里 MM	休息 / 步行

周一	周二	周三	周四	周五	周六	周日
第 5 周：在跑走交替日，跑者跑 00'20"/ 走 00'40"，健走者只需步行						
30'00" 跑走结合	30'00" 步行	30'00" 跑走结合	30'00" 步行	休息	7.2 公里 跑走结合	休息 / 步行

周一	周二	周三	周四	周五	周六	周日
第 6 周：在跑走交替日，跑者跑 00'20"/ 走 00'40"，健走者只需步行						
30'00" 跑走结合	30'00" 步行	30'00" 跑走结合	30'00" 步行	休息	8 公里 跑走结合	休息 / 步行

周一	周二	周三	周四	周五	周六	周日
第 7 周：在跑走交替日，跑者跑 00'20"/ 走 00'40"，健走者只需步行						
30'00" 跑走结合	30'00" 步行	30'00" 跑走结合	30'00" 步行	休息	4.8 公里 MM	休息 / 步行

注意：上表中的时间为时长。

周一	周二	周三	周四	周五	周六	周日
第 8 周：在跑走交替日，跑者跑 00'25"/ 走 00'35"，健走者只需步行						
30'00" 跑走结合	30'00" 步行	30'00" 跑走结合	30'00" 步行	休息	8.8 公里 跑走结合	休息 / 步行

周一	周二	周三	周四	周五	周六	周日
第 9 周：在跑走交替日，跑者跑 00'25"/ 走 00'35"，健走者只需步行						
30'00" 跑走结合	30'00" 步行	30'00" 跑走结合	30'00" 步行	休息	4.8 公里 MM	休息 / 步行

周一	周二	周三	周四	周五	周六	周日
第 10 周：在跑走交替日，跑者跑 00'25"/ 走 00'35"，健走者只需步行						
30'00" 跑走结合	30'00" 步行	30'00" 跑走结合	30'00" 步行	休息	9.6 公里 跑走结合	休息 / 步行

周一	周二	周三	周四	周五	周六	周日
第 11 周：在跑走交替日，跑者跑 00'25"/ 走 00'35"，健走者只需步行						
30'00" 跑走结合	30'00" 步行	30'00" 跑走结合	30'00" 步行	休息	4.8 公里 MM	休息 / 步行

周一	周二	周三	周四	周五	周六	周日
第 12 周：在跑走交替日，跑者跑 00'25"/ 走 00'35"，健走者只需步行						
30'00" 跑走结合	30'00" 步行	30'00" 跑走结合	30'00" 步行	休息	10.4 公里 跑走结合	休息 / 步行

周一	周二	周三	周四	周五	周六	周日
第 13 周：在跑走交替日，跑者跑 00'30"/ 走 00'30"，健走者只需步行						
30'00" 跑走结合	30'00" 步行	30'00" 跑走结合	30'00" 步行	休息	4.8 公里 跑走结合	休息 / 步行

周一	周二	周三	周四	周五	周六	周日
第 14 周：在跑走交替日，跑者跑 00'30"/ 走 00'30"，健走者只需步行						
30'00" 跑走结合	30'00" 步行	30'00" 跑走结合	30'00" 步行	休息	目标 10 公里	休息 / 步行

注意：上表中的时间为时长。

#9

基于时间目标的训练计划

需要考虑的问题

假如这是你第一次进行速度练习……

进行速度练习一定要谨慎。在前两个阶段的练习中，应当以比自己的能力上限慢得多的速度开始。然后，逐渐过渡到一定的目标计划中。当感到疼痛时，不要坚持跑步，请立即停止训练。

400 米是 1/4 英里，通常也是标准场地 1 圈跑道的距离；跑 4 圈就是 1 英里。

接下来几部分的内容，好比是交响曲的不同声部，每一部分都可以让跑步耐力和速度有所长进。最终，你的心脏、左脑、右脑、身体和灵魂都会成为一个有序的整体。

为什么现在还不能快跑?

因为提高成绩是一个复杂的过程，会受到许多不可控因素的影响。最好的方法就是认准目标，选择一个可行的训练计划。通过设定合理的目标，你可以避免过度训练。

达到时间目标难吗?

下面的训练计划不会占用很多时间，也不会产生严重的疲劳。如果事与愿违，请停止速度练习，进行调整。本书中的训练计划已经帮助数以千计的人取得了成功，有的人具有运动天赋，但是多数人资质平平。同时，多数人也不可能有大把的时间去训练，因此，本书提供的训练计划，将花费最少的时间来实现目标。

警告:

你可能会上瘾。我注意到，哪怕是那些终日枯坐的人，骨子里也有争强好胜的一面。我们都有追求体能进步的天性，并且，随着日渐坚实的基础，这种天性会让我们更进一步。在经过数月的练习后，我们都会在力所能及的范围内达到最好。

这种循序渐进和长期系统的自我挑战，会让我们自觉地设置优先级别，优化时间与体能分配、提高能力，并影响生活的其他方面。如果你认识到运动的好处，就不可能再回到懒惰的生活方式。让我们用健康的生活习惯，去替代懒惰成瘾吧。

了解你的极限

大多数刚接触速度练习的人，并不知道应该如何安全地练习。本书中的提高计划从易到难，能让你逐渐解开未知之谜。我会为你提供控制锻炼进程的工具，本阶段的训练过程比上一阶段略难，其中包括预测和调整，在经过按计划训练、休息和恢复后，你的能力会有所提高。

在结束了每周训练后，身体会产生持续的适应，体能提高，让你跑得更远、更快、更轻松，意志也会更坚定。你可以改进调整速度的能力，知道什么时候该用力，什么时候该减速，以及如何调整跑步姿势。同时，学会解决跑步中的突发问题，抚平对未知的焦虑，帮助你建立应对生活中其他问题的信心。

认识自我

我认识的一些最胆怯的初学者，现在已经成为最有拼劲的竞技跑者。当你通过精巧设计的练习计划获得能力提升后，你会陷入这样的错觉——“如果每周进行一次速度练习能把成绩提高10 秒，那么练习两次就能提升 20 秒。”在这种心理的推动下，许多跑者为了跑得更远和更快，牺牲了本应用于休息恢复的时间去训练。当他们进行比赛时，又有这样的自我暗示：训练或比赛的成绩，能够带来更大的满足。要当心这种想法，虽然用时缩短时会有“百尺竿头更进一步”的动力，但是疲劳导致的成绩不如意，会让你更为失望。

当取得成绩时，应该为自己骄傲。但是，进步并不能永远持续。在遇到低潮时，自我意识难免会出现问题。在速度训练期间，会发生自然选择过程：自我认识必须面对现实，并进行调整。不过，通过每周一次的快乐跑，体会跑步后的愉悦，你可以获得必要的鼓励，同时对自己保持正确的认识。

为提高成绩而训练，可以让你更为专注，改进自我激励，通过享受跑步来保持身心愉悦。请记得进行必要的慢跑、热身、整理运动，以及在必要时通过跑走结合进行休整。即使是我在为参加奥运会而训练时，每周跑量的 90% 也是按照缓和且愉悦的速度进行的。提高能力的过程不可能一帆风顺。请至少记录下半数比赛的成绩，你会发现，这些比赛的结果，都比你认为自己所能达到的水平慢一些。大多数的原因在于，你高估了自己的能力。这时，请耐心吸取教训，只有这样才能不断进步。

每隔一天

如果你每周跑步的天数多于 3 天，并且没有经历过疲劳和伤病，那么可以沿用此模式。但是请注意，速度训练，以及本章中的其他练习，比之前所有的训练强度都大，会大量使用肌肉、肌腱，需要强大的意志。当有疑问时，请进行调整后再继续练习。如果你每周跑步的天数多于 3 天，请保证在训练的间隔期内能够充分调整。我强烈建议，在速度训练、长距离训练以及比赛的前一天充分休息。

改变某一天的训练

你可以根据生活与工作安排，调整不同训练日的内容。前提是保证训练计划的连贯性与系统性。在速度练习日、长距离练习日以及比赛日的前一天充分休息。

长距离跑的速度以及跑走间隔

长距离跑时的速度，应该比通过“神奇 1 英里”预测的 10 公里最快配速慢至少 03'30"/ 英里。如果跑得更慢也没有关系。

长距离跑中的行走休整

你可以按照下列计划，在长距离跑时进行步行休整：多走几步，或是跑走用时相等。例如，跑 02'00"/ 走 01'00"，或是跑 01'00"/ 走 00'30"。

“神奇 1 英里”、速度练习与比赛日前的热身（放松）

下面是一套热身流程，帮助你从身心两方面做好挑战速度的准备。在你进行训练时，请参考使用。平时训练到位，是比赛时稳定发挥的基础。

放松的步骤应当与热身相反。不要在跑步结束后立即钻进车里、去洗澡或是站着不动，这样会带来心脏方面的风险。正确的热身做法如下：

◆慢慢步行 5 分钟。

◆在接下来的 10 分钟里，慢跑几秒钟，慢走 1 分钟，交叉进行。

◆慢跑 10 分钟。

◆走 3-4 分钟。

◆进行步幅练习，（每只脚 4-8 次），请看“练习”一章了解详情。

◆走 1-3 分钟。

◆进行加速练习（每只脚 4-8 次），请看第 11 章了解详情。

◆走 5 分钟。

◆开始训练。

在比赛的排练日练习步行休整

在为比赛进行排练时，也请尝试打算在比赛中采用的步行休整策略。

长跑时的配速	跑走结合
08'00"/ 英里	跑 04'00"/ 走 00'40"
08'30"/ 英里	跑 05'00"/ 走 01'00"
09'00"/ 英里	跑 04'00"/ 走 01'00"
09'30"/ 英里	跑 03'30"/ 走 01'00"
10'00"/ 英里	跑 03'00"/ 走 01'00"
10'30"/ 英里	跑 02'45"/ 走 01'00"
11'00"/ 英里	跑 02'30"/ 走 01'00"
11'30"/ 英里	跑 02'15"/ 走 01'00"
12'00"/ 英里	跑 02'00"/ 走 01'00"
12'30"/ 英里	跑 01'30"/ 走 01'00"
13'00"/ 英里	跑 01'00" / 走 01'00"
13'30"/ 英里	跑 00'30"/ 走 00'30"
14'00"/ 英里	跑 00'30"/ 走 00'30"
14'30"/ 英里	跑 00'30"// 走 00'40"
15'00"/ 英里	跑 00'30"/ 走 00'50"
15'30"/ 英里	跑 00'30"/ 走 01'00"
16'00"/ 英里	跑 00'30"/ 走 01'00"
16'30"/ 英里	跑 00'25"/ 走 01'00"
17'00"/ 英里	跑 00'25"/ 走 01'00"
17'30"/ 英里	跑 00'20"/ 走 01'00"
18'00"/ 英里	跑 00'20"/ 走 01'00"
18'30"/ 英里	跑 00'15"/ 走 01'00"
19'00"/ 英里	跑 00'15"/ 走 01'00"
19'30"/ 英里	跑 00'10"/ 走 01'00"
20'00"/ 英里	跑 00'10"/ 走 01'00"

如果“神奇 1 英里”预测的比赛速度比目标中的慢怎么办?

在训练计划终了时，请用“盖洛威表现预测”来估算自己的能力与目标之前的差异。如果误差仅有数秒，请按照计划训练。在比赛中，一个稳妥的策略是，在开始比赛时，采用按照“神奇 1 英里”估算的速度（至少是比赛前最后两次测试的均值）去跑，如果你还有余力，请从比赛的后半段逐渐发力，去冲击时间目标。

基本训练安排

长跑

用很慢的速度完成即可。慢跑时的速度，可以比预测的比赛速度慢 3 分 30 秒 / 英里，并根据需要采用本书“跑 - 走 - 跑”一章中的行走休整策略，哪怕跑一段需要走一走。我至今还没发现在长跑时跑得太慢，或是走得过于频繁的人。长距离慢跑与长距离快跑同样可以发展耐力，并且几乎没有受伤或是过度疲惫的风险。

练习

步幅练习与加速练习。这两类简单练习可以让你的身体形成正确的跑步动作，它们并不会让你过度疲劳。多数人经过练习，跑步能力都会有所提高。每个练习做 4-8 组，每周 1 次，就可以提高跑步速度和效率。

跑坡

比其他练习项目更能提高体能。首先慢跑半英里作为热身。然后，做 4 次加速练习，慢慢跑上坡，在即将到达顶部时加速，但是不要冲刺。多数情况下，跑坡会让你气喘吁吁。在上坡时缩短步长，可以提高腿部肌肉的耐力。请看本书中与跑坡有关的内容。

“神奇 1 英里”时间测试

每隔几周就进行 1 次，来监测训练过程，避免过度训练。找一处标准操场，或是其他能准确测量长度的练习场地。

◎走 5 分钟作为热身，然后跑 1 分钟，走 1 分钟，再走 800 米（半英里或是操场两圈）。

◎做 4 次加速练习，详见第 11 章。

◎走 3-4 分钟。

◎进行“神奇 1 英里”测试，关于步行休整，请见相关章节的内容。

◎在第一次“神奇 1 英里”测试中，不要在一开始就用尽全力，在测试开始 3 分钟之后进入状态即可。

◎通过与热身相反的流程进行整理放松。

◎学校里的标准操场是最好的训练场所。不要使用跑步机，因为许多跑步机是未经校准的，现实的距离和速度值往往虚高。在跑第一圈时，请比平均速度略慢一些。在训练中，你可以按照本章中的建议进行步行休整。在最后一圈气喘吁吁是正常现象。如果你在最后一圈越跑越慢，那么在下次测试开始时跑得稍慢一些。当完成最后几轮“神奇 1 英里”测试后，你应该觉得自己按照测试中的速度最多只能再跑半圈。

◎“神奇一英里”测试后要慢走一会儿。

比赛排练

通过在 400 米周长的标准操场上排练，你会熟悉比赛时的速度，并做好其他相关准备。在每圈结束时，请查看时间，尽量符合计划用时。在比赛排练日，你要进行两组训练，在第

1 组结束后，步行至少 5 分钟（但不要超过 10 分钟）。在第 2 组练习时，如果能跑得毫无压力，那就每圈比计划用时快 1-2 秒；如果感觉费力，那就按照计划用时练习。如果你不能维持速度（特别是在暑天），那就把训练进一步拆解。比如，在 5 公里跑训练计划中，第 4 周周一练习内容的第 1 部分是按照比赛速度跑 3 公里，第 2 部分是再跑 800 米。如果你在跑 800 米时，第 1 圈就无法保持速度，那就停下走 3 分钟，再跑 400 米。请尝试每圈比计划时间快 1-2 秒。如果需要，你也可以把第 2 阶段拆解成 200 米的小段去分别完成。

跑坡练习强化体能

跑坡训练能够帮助你提高跑 5 公里和 10 公里的体能。在开始速度练习前，去做几次跑坡训练，对强化腿部肌肉的效果好过任何其他练习方式。不论是在速度练习还是在比赛中，跑坡练习都能够让肌肉具有更好的跑步能力。

跑上坡练习

建议追求目标时间的跑者在周四进行。采用速度练习前的方法进行热身，找一处不算陡峭的坡，如果第一次练习后觉得过于轻松，那就在下次练习时换一处陡些的坡。按照比赛时的目标速度跑上坡，越过最高处，然后走下来。但是不要用尽全力。如果用从坡顶步行到平地的步数衡量坡的高度，可如下计算：

◎第一次练习者：走 50 步
◎已经完成一些速度练习者：100-150 步
◎资深速度型跑者：200-300 步

请在第 15 章中查看“跑坡姿势”。

注意：
对于任何练习，结束后略有余力是较好的，别累得筋疲力尽。

速度训练日（详情请翻阅随后章节）

在做完前文的热身运动后，你将要进行一系列的 400 米间歇跑，然后步行 200 米。在标准跑道上，一周的长度恰好是 400 米。每次跑 400 米的速度，应当比在比赛中跑同样距离的速度慢 8 秒。例如，如果你在正式比赛中的计划速度为 5 分 / 公里，对应的跑 400 米速度用时 2 分。那么在练习时跑 400 米的用时应当是 1 分 52 秒。完成一次 400 米跑后，走 2-3 分钟（约 200 米），然后开始下一组。

注意：
即使是那些有经验的跑者，在进行速度练习时受伤的风险也会提高。请查看本书中与伤病预防有关的内容，并注意加强身体各处薄弱部位。如果进行了可能导致伤病的训练，请不要马上进行其他练习。

休息日

当你增加了跑步距离以及速度练习后，请按照本书中训练计划的建议，安排休息日。如果在休息日依然进行短距离训练，很难取得成效。每周跑 3 天以上的跑者，可以在周四进行 30-40 分钟的轻松慢跑。

5 公里训练计划

注意：

速度训练会增加伤病的风险。通过逐渐增加重复组数，合理安排休息，以及关注薄弱部位，可以将风险减少至最低。这里说的薄弱部位，是那些当你跑得比平时更快或更远时，容易出现酸楚或疼痛的部位。请采取保守的态度，不要盲目求快，适当增加间歇跑的组间休息时间，以及不同训练项目之间的休息时间。如果你怀疑自己已经受伤，就停止训练。

符号：

*= 步频训练

**= 加速训练

xx= 用比“神奇 1 英里”测算的 5 公里比赛中每英里配速慢 3 分 30 秒的速度去跑，根据温度进行适当调整。

RR= 比赛排练。按照比赛时间目标的速度进行练习，并逐渐增加跑动距离。

MM= 神奇 1 英里。在训练中穿插进行的测试跑。

XT= 步行，游泳，骑车或是水下跑步等交叉练习。

圈 = 标准操场一周，长度为 400 米。

注意：

1. 在比赛排练时，记得练习打算在比赛中使用的跑走组合策略。
2. H= 上坡间歇跑。在周四进行，请见前文。
3. 如无特殊说明，下列训练计划中的时间均为时长。

15'00"

5 公里时间目标：15'00"

◎周三的 400 米间歇跑速度练习应当保持在 01'06" 每圈（标准跑道）。

◎长距离跑的配速应当保持在 08'15"/ 英里（约合 05'07"/ 公里，为了快速恢复），并可以根据气温进行调整。

◎在周一的比赛排练时进行速度测试。

◎“神奇 1 英里”测试的总跑量作为“全部”位列末尾。

◎在速度训练结束后，即使感觉非常疲劳，也应当留有余力。慢一两秒也没关系。

周一	周二	周三	周四	周五	周六	周日
第 1 周						
MM（*/**） 合计 6.5 公里	走 30 分钟或 XT 或休息	速度练习（*/**） 6x400 米	5 公里轻松跑 （2H）	休息	长距离跑 8 公里 xx	休息
第 2 周						
RR（*/**） 2.4 公里（7'15"） +1200 米 （1'10"/ 圈）	走 30 分钟或 XT 或休息	速度练习（*/**） 8x400 米	5 公里轻松跑 （3H）	休息	长距离跑 11 公里 xx	休息
第 3 周						
MM（*/**） 合计 13.5 公里 xx	走 30 分钟或 XT 或休息	速度练习（*/**） 10x400 米	5 公里轻松跑 （4H）	休息	长距离跑 12.8 公里	休息
第 4 周						
RR（*/**） 3.2 公里 (9'36") +800 米 （1'12"/ 圈）	走 30 分钟或 XT 或休息	速度练习（*/**） 12x400 米	5 公里轻松跑 （3H）	休息	长距离跑 16 公里	休息
第 5 周						
MM（*/**） 合计 10 公里	走 30 分钟或 XT	速度练习（*/**） 14x400 米	5 公里轻松跑 （2H）	休息	长距离跑 19 公里	休息
第 6 周						
16x400 （*/**）	走 30 分钟或 XT 或休息	速度练习（*/**） 6x400 米	5 公里轻松跑 （2H）	休息	RR3.6 公里 （10'48" 跑完） 合计 8 公里（*/**）	休息
第 7 周（比赛周）						
（3-4）x400 米 （1'09"/ 圈） 合计 6.4 公里 （*/**）	XT 或休息	（3-4）x400 米 合计 6.4 公里 （*/**）	5 公里 轻松跑	休息	比赛	休息

17'30"

5 公里目标：17'30"

◎周三的 400 米间歇跑速度练习应当保持在 01'16" 每圈（标准跑道）。

◎长距离跑的配速应当保持在 09'00"/ 英里（约合 05'35"/ 公里，为了快速恢复），并可以根据气温进行调整。

◎在周一的比赛排练时进行速度测试。

◎“神奇 1 英里”测试的总跑量作为“全部”位列末尾（穿插进行“神奇 1 英里”测试）。

◎在速度训练结束后，即使感觉非常疲劳，也应当留有余力。慢一两秒也无所谓。

周一	周二	周三	周四	周五	周六	周日
第 1 周						
MM（*/**）合计 6.5 英里	走 30 分钟或 XT 或休息	速度练习（*/**）6x400 米	5 公里轻松跑（2H）	休息	长距离跑 8 公里 XX	休息
第 2 周						
RR（*/**）2.4 公里（8'29"）+1200 米（1'22"/ 圈）	走 30 分钟或 XT 或休息	速度练习（*/**）8x400 米	5 公里轻松跑（3H）	休息	长距离跑 11 公里 XX	休息
第 3 周						
MM（*/**）合计 8 公里	走 30 分钟或 XT 或休息	速度练习（*/**）10x400 米	5 公里轻松跑（4H）	休息	长距离跑 13.5 公里 XX	休息
第 4 周						
RR（*/**）3.2 公里（11'17"）+800 米（1'22"/ 圈）	走 30 分钟或 XT 或休息	速度练习（*/**）12x400 米	5 公里轻松跑（3H）	休息	长距离跑 8 公里 XX	休息
第 5 周						
MM（*/**）合计 9.6 公里或休息	走 30 分钟或 XT	速度练习（*/**）14x400 米	5 公里轻松跑（2H）	休息	长距离跑 16 公里	休息
第 6 周						
16x400（*/**）	走 30 分钟或 XT 或休息	速度练习（*/**）4x400 米	5 公里轻松跑（2H）	休息	RR3.6 公里（12'41"）（*/**）	休息
第 7 周（比赛周）						
（3-4）x400 米（*/**）	XT 或休息	（3-4）x400 米（*/**）	5 公里轻松跑	休息	比赛	休息

19'59"

5 公里目标：19'59"

◎周三的 400 米间歇跑速度练习应当保持在 01'28" 每圈（标准跑道）。

◎长距离跑的配速应当保持在 10'00"/ 英里（约合 06'12"/ 公里，为了快速恢复），并可以根据气温进行调整。

◎在周一的比赛排练时进行速度测试。

◎“神奇 1 英里”测试的总跑量作为“全部”位列末尾（穿插进行“神奇 1 英里”测试）。

◎在速度训练结束后，即使感觉非常疲劳，也应当留有余力。慢一两秒也无所谓。

周一	周二	周三	周四	周五	周六	周日
第 1 周						
MM（*/**） 合计 （6.5 公里）	走 30 分钟或 XT 或休息	速度练习（*/**） 8x400 米	5 公里轻松跑 （2H）	休息	长距离跑 8 公里 xx	休息
第 2 周						
RR（*/**） 2.4 公里（9'40"） +1200 米 （1'30"/ 圈）	走 30 分钟或 XT 或休息	速度练习（*/**） 10x400 米	5 公里轻松跑 （3H）	休息	长距离跑 11 公里 xx	休息
第 3 周						
MM（*/**） 合计 8 公里	走 30 分钟或 XT 或休息	速度练习（*/**） 10x400 米	5 公里轻松跑 （3H）	休息	长距离跑 13.5 公里 xx	休息
第 4 周						
RR（*/**） 3.2 公里 （12'54"） 7 公里 xx +800 米 （1'34"/ 圈）	走 30 分钟或 XT 或休息	速度练习（*/**） 14x400 米	5 公里轻松跑 （2H）	休息	长距离跑	休息
第 5 周						
MM（*/**） 合计 9.6 公里	走 30 分钟或 XT 或休息	速度练习（*/**） 16x400 米	5 公里轻松跑 （2H）	休息	长距离跑 17.5 公里	休息
第 6 周						
6x400 米（*/**）	走 30 分钟或 XT 或休息	速度练习（*/**） 4x400 米	5 公里轻松跑 （2H）	休息	RR（*/**） 3.6 公里（14'30"）	休息
第 7 周（比赛周）						
（3-4）x400 米 （*/**）	XT 或休息	（3-4）x400 米 （*/**）	5 公里轻松跑 XT 或休息	休息	比赛	

23'59"

5 公里目标：23'59"

◎周三的 400 米间歇跑速度练习应当保持在 01'44" 每圈（标准跑道）。

◎长距离跑的配速应当保持在 11'15"/ 英里（约合 06'59"/ 公里，为了快速恢复），并可以根据气温进行调整。

◎在周一的比赛排练时进行速度测试。

◎“神奇 1 英里”测试的总跑量作为“全部”位列末尾（穿插进行“神奇 1 英里”测试）。

◎在速度训练结束后，即使感觉非常疲劳，也应当留有余力。慢一两秒也无所谓。

周一	周二	周三	周四	周五	周六	周日
第 1 周						
MM（*/**） 合计 6.5 公里	走 30 分钟或 XT 或休息	速度练习（*/**） 7x400 米	5 公里轻松跑 （1H）	休息	长距离跑 6.5 公里 xx	休息
第 2 周						
RR（*/**） 2.4 公里 （11'37"） +1200 米 （1'55"/ 圈）	走 30 分钟或 XT 或休息	速度练习（*/**） 9x400 米	5 公里轻松跑 （2H）	休息	长距离跑 9 公里 xx	休息
第 3 周						
MM（*/**） 合计 8 公里	走 30 分钟或 XT 或休息	速度练习（*/**） 11x400 米	5 公里轻松跑 （2H）	休息	长距离跑 12 公里 xx	休息
第 4 周						
RR（*/**） 3.2 公里 （15'30"） +800 米 （1'55"/ 圈）	走 30 分钟或 XT 或休息	速度练习（*/**） 13x400 米	5 公里轻松跑 XT 或休息	休息	长距离跑 6.5 公里 xx	休息
第 5 周						
MM（*/**） 合计 9.6 公里	走 30 分钟或 XT 或休息	速度练习（*/**） 15x400 米	5 公里轻松跑 XT 或休息	休息	长距离跑 15 公里	休息
第 6 周						
6x400 米 （*/**）	走 30 分钟或 XT 或休息	速度练习（*/**） 4x400 米	5 公里轻松跑 XT 或休息	休息	RR（*/**） 3.6 公里（17'25"）	休息
第 7 周（比赛周）						
（3-4）x400 米 （*/**）	XT 或休息	（3-4）x400 米 （*/**）	5 公里轻松跑 XT 或休息	休息	比赛	

28'59"

5 公里目标：28'59"

◎周三的 400 米间歇跑速度练习应当保持在 02'12" 每圈（标准跑道）。

◎长距离跑的配速应当保持在 12'00"/ 英里（约合 07'27"/ 公里，为了快速恢复），并可以根据气温进行调整。

◎在周一的比赛排练时进行速度测试。

◎“神奇 1 英里”测试的总跑量作为“全部”位列末尾（穿插进行“神奇 1 英里”测试）。

◎在速度训练结束后，即使感觉非常疲劳，也应当留有余力。慢一两秒也无所谓。

周一	周二	周三	周四	周五	周六	周日
第 1 周						
MM（*/**） 合计 6.5 公里	走 30 分钟或 XT 或休息	速度练习（*/**） 7x400 米	5 公里轻松跑 （1H） XT 或休息	休息	长距离跑 6.5 公里 xx	休息
第 2 周						
RR（*/**） 2.4 公里 （14'00"） +1200 米 （2'18"/ 圈）	走 30 分钟或 XT 或休息	速度练习（*/**） 9x400 米	5 公里轻松跑 （2H） XT 或休息	休息	长距离跑 9 公里 xx	休息
第 3 周						
MM（*/**） 合计 8 公里	走 30 分钟或 XT 或休息	速度练习（*/**） 11x400 米	5 公里轻松跑 （2H） XT 或休息	休息	长距离跑 12 公里 xx	休息
第 4 周						
RR（*/**） 3.2 公里 （18'42"） +800 米 （2'18"/ 圈）	走 30 分钟或 XT 或休息	速度练习（*/**） 13x400 米	5 公里轻松跑 XT 或休息	休息	长距离跑 6.5 公里 xx	休息
第 5 周						
MM（*/**） 合计 9.6 公里	走 30 分钟或 XT 或休息	速度练习（*/**） 15x400 米	5 公里轻松跑 XT 或休息	休息	长距离跑 15 公里	休息
第 6 周						
6x400 米（*/**）	走 30 分钟或 XT 或休息	速度练习 4x400 米	5 公里轻松跑 （1H） XT 或休息	休息	RR（*/**） 3.6 公里（21'03"）	休息
第 7 周（比赛周）						
（3-4）x400 米 （*/**）	XT 或休息	（3-4）x400 米 （*/**）	5 公里 轻松跑	休息	比赛	

33'59"

5 公里目标：33'59"

◎周三的 400 米间歇跑速度练习应当保持在 02'38" 每圈（标准跑道）。

◎长距离跑的配速应当保持在 13'00"/ 英里（约合 08'04"/ 公里，为了快速恢复），并可以根据气温进行调整。

◎在周一的比赛排练时进行速度测试。

◎“神奇 1 英里”测试的总跑量作为“全部”位列末尾（穿插进行“神奇 1 英里”测试）。

◎在速度训练结束后，即使感觉非常疲劳，也应当留有余力。慢一两秒也无所谓。

周一	周二	周三	周四	周五	周六	周日
第 1 周						
MM（*/**） 合计 6.5 公里	走 30 分钟或 XT 或休息	速度练习（*/**） 6x400 米	5 公里轻松跑 （1H） XT 或休息	休息	长距离跑 6.5 公里 xx	休息
第 2 周						
RR（*/**） 2.4 公里 （16'26"） +1200 米 （2'43"/ 圈）	走 30 分钟或 XT 或休息	速度练习（*/**） 8x400 米	5 公里轻松跑 （2H） XT 或休息	休息	长距离跑 9 公里 xx	休息
第 3 周						
MM（*/**） 合计 8 公里	走 30 分钟或 XT 或休息	速度练习（*/**） 10x400 米	XT 或休息	休息	长距离跑 12 公里 xx	休息
第 4 周						
RR（*/**） 3.2 公里 （21'54"） +800 米 （2'43"/ 圈）	走 30 分钟或 XT 或休息	速度练习（*/**） 12x400 米	XT 或休息	休息	长距离跑 6.5 公里 xx	休息
第 5 周						
MM（*/**） 合计 9.6 公里	走 30 分钟或 XT 或休息	速度练习（*/**） 14x400 米	XT 或休息	休息	长距离跑 15 公里	休息
第 6 周						
6x400 米 （*/**）	走 30 分钟或 XT 或休息	速度练习（*/**） 4x400 米	XT 或休息	休息	RR（*/**） 3.6 公里 （24'40"）	休息
第 7 周（比赛周）						
（3-4）x400 米 （*/**）	XT 或休息	（3-4）x400 米 （*/**）	休息	休息	比赛	

37'59"

5 公里目标：37'59 秒 "

◎周三的 400 米间歇跑速度练习应当保持在 02'55" 每圈（标准跑道）。

◎长距离跑的配速应当保持在 14'00"/ 英里（约合 08'42"/ 公里，为了快速恢复），并可以根据气温进行调整。

◎在周一的比赛排练时进行速度测试。

◎“神奇 1 英里”测试的总跑量作为“全部”位列末尾（穿插进行“神奇 1 英里”测试）。

◎在速度训练结束后，即使感觉非常疲劳，也应当留有余力。慢一两秒也无所谓。

周一	周二	周三	周四	周五	周六	周日
第 1 周						
MM（*/**） 合计 6.5 公里	走 30 分钟或 XT 或休息	速度练习（*/**） 6x400 米	XT 或休息	休息	长距离跑 6.5 公里 xx	休息
第 2 周						
RR（*/**） 2.4 公里 （18'22"） +1200 米 （03'00"/ 圈）	走 30 分钟或 XT 或休息	速度练习（*/**） 8x400 米	XT 或休息	休息	长距离跑 9 公里 xx	休息
第 3 周						
MM（*/**） 合计 8 公里	走 30 分钟或 XT 或休息	速度练习（*/**） 10x400 米	XT 或休息	休息	长距离跑 12 公里 xx	休息
第 4 周						
RR（*/**） 3.2 公里 （24'30"） +800 米 （03'00"/ 圈）	走 30 分钟或 XT 或休息	速度练习（*/**） 12x400 米	XT 或休息	休息	长距离跑 6.5 公里 xx	休息
第 5 周						
MM（*/**） 合计 9.6 公里	走 30 分钟或 XT 或休息	速度练习（*/**） 14x400 米	XT 或休息	休息	长距离跑 15 公里	休息
第 6 周						
6x400 米 （*/**）	走 30 分钟或 XT 或休息	速度练习（*/**） 4x400 米	XT 或休息	休息	RR（*/**） 3.6 公里 （27'36"）	休息
第 7 周（比赛周）						
（3-4）x400 米 （*/**）	XT 或休息	（3-4）x400 米 （*/**）	休息	休息	比赛	

10 公里训练计划

——如果你跑过至少一次 5 公里或 10 公里

注意：

速度练习会增加伤病风险。如果能够逐渐增加重复组数，及时恢复休息，以及关注身体薄弱部位，就能将受伤的风险减至最低。薄弱部位是那些在比以往强度更大，或距离更长的练习中，容易酸胀和疼痛的身体区域，如果担心受伤，请不要尽力快跑，应当增加间歇时间或两次训练之间的休息。如果怀疑已经受伤，请暂停训练。

符号：

*= 步频训练

**= 加速训练

xx= 用比“神奇 1 英里”测算的 5 公里比赛中每英里配速慢 3 分 30 秒的速度去跑，根据温度进行适当调整。

RR= 比赛排练。按照比赛目标的速度进行练习，并逐渐增加跑动距离。

MM= 神奇一英里。在训练中穿插进行的测试跑。

XT= 步行、游泳、骑车或是水池跑步等交叉练习。

注意：

1. 在比赛排练时，记得练习计划在比赛中使用的跑走组合策略。

2. H= 山地间歇跑。在周四进行，请见前文。

3. 如无特殊说明，下列训练计划中的时间均为时长。

34'59"

时间目标：34'59"

◎周三的 400 米间歇跑速度练习应当保持在 01'40" 每圈（标准跑道）。

◎长距离跑的配速不应快过 09'00"/ 英里（约合 05'35"/ 公里，为了快速恢复），并可以根据气温进行调整。

◎如果你还没有尝试过表中第一次长距离跑的距离，请先在开始计划前，让自己能跑完这一距离。

◎在周一的比赛排练时进行速度测试。

◎“神奇 1 英里”测试的总跑量作为“全部”位列末尾（穿插进行“神奇 1 英里”测试）。

◎在速度训练结束后，不应感觉非常疲劳，而是应当略有余力。在最后两组重复时，慢 1-3 秒也无所谓。

周一	周二	周三	周四	周五	周六	周日
第 1 周						
MM（*/**） 合计 6.5 公里	步行 30 分钟，XT 或休息	速度练习 8x400（*/**）	5 公里 轻松跑（2H）	休息	长跑 12.5 公里 xx	休息
第 2 周						
RR（*/**） 3.6公里（12'42"） +1200 米 （01'22" 每圈）	步行 30 分钟，XT 或休息	速度练习 10x400（*/**）	5 公里 轻松跑（3H）	休息	长跑 16 公里 xx	休息
第 3 周						
MM（*/**） 合计 8 公里	步行 30 分钟，XT 或休息	速度练习 12x400（*/**）	5 公里 轻松跑 休息	休息	长跑 8 公里（4H）	休息
第 4 周						
RR（*/**） 4.4公里（15'30"） + 800 米 （01'22" 每圈）	步行 30 分钟，XT 或休息	速度练习 14x400（*/**）	5 公里 轻松跑 （3H）	休息	长跑 20.5 公里 xx	休息
第 5 周						
MM（*/**） 合计 9.6 公里	步行 30 分钟，XT 或休息	速度练习 16x400（*/**）	5 公里 轻松跑 休息	休息	10 公里（4H）	休息
第 6 周						
RR（*/**） 8 公里（18'20"） + 1200 米 （01'22" 每圈）	步行 30 分钟，XT 或休息	速度练习 18x400（*/**）	5 公里 轻松跑（2H）	休息	长跑 24 公里 xx	休息
第 7 周						
MM（*/**） 合计 8 公里	步行 30 分钟，XT 或休息	速度练习 20x400（*/**）	5 公里 轻松跑	休息	10 公里（4H）	休息
第 8 周						
RR（*/**） 6 公里（21'10"） +800 米 （01'22" 每圈）	步行 30 分钟，XT 或休息	速度练习 2x400（*/**）	5 公里 轻松跑 XT 或休息	休息	长跑 28 公里 xx	休息
第 9 周						
8x400（*/**）	步行 30 分钟，XT 或休息	速度练习 6x400（*/**）	5 公里轻松跑、XT 或休息	休息	RR（*/**） 6.8 公里（24'00"）	休息
比赛周						
（5-6）x400 （*/**）	XT 或休息	速度练习 （3-4）x400 （*/**）	5 公里 轻松跑	休息	比赛	

39'59"

时间目标：39'59"

◎周三的 400 米间歇跑速度练习应当保持在 01'29" 每圈（标准跑道）。

◎长距离跑的配速不应快过 10'00"/ 英里（约合 06'12"/ 公里，为了快速恢复），并可以根据气温进行调整。

◎如果你还没有尝试过表中第一次长距离跑的距离，请先在开始计划前，让自己能跑完这一距离。

◎在周一的比赛排练时进行速度测试。

◎“神奇 1 英里”测试的总跑量作为“全部”位列末尾（穿插进行“神奇 1 英里”测试）。

◎在速度训练结束后，不应感觉非常疲劳，而是应当略有余力。在最后两组重复时，慢 1-3 秒也无所谓。

周一	周二	周三	周四	周五	周六	周日
第 1 周						
MM（*/**） 合计 6.5 公里	步行 30 分钟 XT 或休息	速度练习 8x400（*/**）	5 公里 轻松跑（2H）	休息	长跑 12.5 公里 xx	休息
第 2 周						
RR（*/**） 3.2 公里（12'54"） +1200 米 （1'35" 每圈）	步行 30 分钟 XT 或休息	速度练习 10x400（*/**）	5 公里 轻松跑（3H）	休息	长跑 16 公里 xx	休息
第 3 周						
MM（*/**） 合计 8 公里	步行 30 分钟 XT 或休息	速度练习 12x400（*/**）	5 公里 轻松跑	休息	长跑 8 公里（4H）	休息
第 4 周						
RR（*/**） 4 公里（16'08"） + 800 米 （01'35" 每圈）	步行 30 分钟 XT 或休息	速度练习 14x400（*/**）	5 公里 轻松跑（3H）	休息	长跑 20.5 公里 xx	休息
第 5 周						
MM（*/**） 合计 9.6 公里	步行 30 分钟 XT 或休息	速度练习 16x400（*/**）	5 公里 轻松跑	休息	8 公里（4H）	休息
第 6 周						
RR（*/**） 4.8 公里（19'21"） + 1200 米 （01'35" 每圈）	步行 30 分钟 XT 或休息	速度练习 18x400（*/**）	5 公里 轻松跑（2H）	休息	长跑 22.5 公里 xx	休息
第 7 周						
MM（*/**） 合计 8 公里	步行 30 分钟 XT 或休息	速度练习 20x400（*/**）	5 公里 轻松跑	休息	8 公里（4H）xx	休息
第 8 周						
RR（*/**） 5.6 公里（22'35"） +800 米 （01'35" 每圈）	步行 30 分钟 XT 或休息	速度练习 22x400（*/**）	5 公里 轻松跑 XT 或休息	休息	长跑 25.5 公里 xx	休息
第 9 周						
8x400（*/**）	步行 30 分钟 XT 或休息	速度练习 6x400（*/**）	5 公里 轻松跑 XT 或休息	休息	RR（*/**） 6.5 公里（25'48"）	休息
比赛周						
（5-6）x400 （*/**）	XT 或休息	速度练习 （3-4）x400 （*/**）	5 公里 轻松跑	休息	比赛	

44'59"

时间目标：44'59"

◎周三的 400 米间歇跑速度练习应当保持在 01'40" 每圈（标准跑道）。

◎长距离跑的配速不应快过 11'00"/ 英里（约合 06'50"/ 公里，为了快速恢复），并可以根据气温进行调整。

◎如果你还没有尝试过表中第一次长距离跑的距离，请在开始计划前，先让自己能跑完这一距离。

◎在周一的比赛排练时进行速度测试。

◎“神奇 1 英里”测试的总跑量作为“全部”位列末尾（穿插进行“神奇 1 英里”测试）。

◎在速度训练结束后，不应感觉非常疲劳，而是应当略有余力。在最后两组重复时，慢 1-3 秒也无所谓。

周一	周二	周三	周四	周五	周六	周日
第 1 周						
MM（*/**）合计 6.5 公里	步行 30 分钟 XT 或休息	速度练习 8x400（*/**）	5 公里 轻松跑（2H） XT 或休息	休息	长跑 11.5 公里 xx	休息
第 2 周						
RR（*/**） 3.2 公里（14'30"）+ 1200 米（01'46" 每圈）	步行 30 分钟 XT 或休息	速度练习 10x400（*/**）	5 公里 轻松跑（3H） XT 或休息	休息	长跑 14.5 公里 xx	休息
第 3 周						
MM（*/**）合计 8 公里	步行 30 分钟 XT 或休息	速度练习 12x400（*/**）	5 公里 轻松跑 XT 或休息	休息	长跑 8 公里（4H）	休息
第 4 周						
RR（*/**） 4 公里（18'09"）+ 800 米（01'46" 每圈）	步行 30 分钟 XT 或休息	速度练习 14x400（*/**）	5 公里 轻松跑（2H） XT 或休息	休息	长跑 17.5 公里 xx	休息
第 5 周						
MM（*/**）合计 9.6 公里	步行 30 分钟 XT 或休息	速度练习 16x400（*/**）	5 公里 轻松跑 XT 或休息	休息	8 公里（3H）	休息
第 6 周						
RR（*/**） 4.8 公里（21'46"）+1200 米（01'46" 每圈）	步行 30 分钟 XT 或休息	速度练习 18x400（*/**）	5 公里 轻松跑 XT 或休息	休息	长跑 21 公里 xx	休息
第 7 周						
MM（*/**）合计 8 公里	步行 30 分钟 XT 或休息	速度练习 20x400（*/**）	5 公里 轻松跑 XT 或休息	休息	8 公里（3H）	休息
第 8 周						
RR（*/**） 5.6 公里（25'21"）+800 米（01'46" 每圈）	步行 30 分钟 XT 或休息	速度练习 22x400（*/**）	5 公里 轻松跑 XT 或休息	休息	长跑 24 公里 xx	休息
第 9 周						
8x400（*/**）	步行 30 分钟 XT 或休息	速度练习 6x400（*/**）	5 公里 轻松跑 XT 或休息	休息	RR（*/**） 6.5 公里（29'00"）	休息
比赛周						
（5-6）x400（*/**）	XT 或休息	速度练习（3-4）x400（*/**）	5 公里 轻松跑	休息	比赛	

49'59"

时间目标：49'59"

◎周三的 400 米间歇跑速度练习应当保持在 01'51" 每圈（标准跑道）。

◎长距离跑的配速不应快过 12'00"/ 英里（约合 07'27"/ 公里，为了快速恢复），并可以根据气温进行调整。

◎如果你还没有尝试过表中第一次长距离跑的距离，请在开始计划前，先让自己能跑完这一距离。

◎在周一的比赛排练时进行速度测试。

◎“神奇 1 英里”测试的总跑量作为“全部”位列末尾（穿插进行“神奇 1 英里”测试）。

◎在速度训练结束后，不应感觉非常疲劳，而是应当略有余力。在最后两组重复时，慢 1-3 秒也无所谓。

周一	周二	周三	周四	周五	周六	周日
第 1 周						
MM（*/**） 合计 6.5 公里	步行 30 分钟 XT 或休息	速度练习 6x400（*/**）	5 公里 轻松跑（1H） XT 或休息	休息	长跑 10 公里 xx	休息
第 2 周						
RR（*/**） 3.2 公里（16'07"） +1200 米 （01'59" 每圈）	步行 30 分钟 XT 或休息	速度练习 8x400（*/**）	5 公里 轻松跑（2H） XT 或休息	休息	长跑 13 公里 xx	休息
第 3 周						
MM（*/**） 合计 8 公里	步行 30 分钟 XT 或休息	速度练习 10x400（*/**）	5 公里 轻松跑 XT 或休息	休息	6.5 公里（3H）	休息
第 4 周						
RR（*/**） 4 公里（20'09"） +800 米 （01'59" 每圈）	步行 30 分钟 XT 或休息	速度练习 12x400（*/**）	5 公里 轻松跑（2H） XT 或休息	休息	长跑 16 公里 xx	休息
第 5 周						
MM（*/**） 合计 9.6 公里	步行 30 分钟 XT 或休息	速度练习 14x400（*/**）	5 公里 轻松跑 XT 或休息	休息	8 公里（3H）	休息
第 6 周						
RR（*/**） 4.8 公里（24'11"） +1200 米 （01'59" 每圈）	步行 30 分钟 XT 或休息	速度练习 16x400（*/**）	5 公里 轻松跑（1H） XT 或休息	休息	长跑 17.5 公里 xx	休息
第 7 周						
MM（*/**） 合计 8 公里	步行 30 分钟 XT 或休息	速度练习 18x400（*/**）	5 公里 轻松跑 XT 或休息	休息	8 公里（3H）	休息
第 8 周						
RR（*/**） 5.6 公里（28'12"） +800 米 （01'59" 每圈）	步行 30 分钟 XT 或休息	速度练习 20x400（*/**）	5 公里 轻松跑 XT 或休息	休息	长跑 21.5 公里 xx	休息
第 9 周						
6x400（*/**）	步行 30 分钟 XT 或休息	速度练习 6x400（*/**）	5 公里 轻松跑 XT 或休息	休息	RR（*/**） 6.5 公里（32'14"）	休息
比赛周						
（5-6）x400 （*/**）	XT 或休息	速度练习 （3-4）x400 （*/**）	5 公里 轻松跑	休息	比赛	

54'59"

时间目标：54'59"

◎周三的 400 米间歇跑速度练习应当保持在 02'04" 每圈（标准跑道）。

◎长距离跑的配速不应快过 13'00"/ 英里（约合 08'04"/ 公里，为了快速恢复），并可以根据气温进行调整。

◎如果你还没有尝试过表中第一次长距离跑的距离，请在开始计划前，先让自己能跑完这一距离。

◎在周一的比赛排练时进行速度测试。

◎“神奇 1 英里”测试的总跑量作为“全部”位列末尾（穿插进行“神奇 1 英里”测试）。

◎在速度训练结束后，不应感觉非常疲劳，而是应当略有余力。在最后两组重复时，慢 1-3 秒也无所谓。

周一	周二	周三	周四	周五	周六	周日
第 1 周						
MM（*/**） 合计 6.5 公里	步行 30 分钟 XT 或休息	速度练习 6x400（*/**）	XT 或休息	休息	长跑 10 公里 xx	休息
第 2 周						
RR（*/**） 3.2 公里（17'44"） +1200 米 （02'11" 每圈）	步行 30 分钟 XT 或休息	速度练习 8x400（*/**）	XT 或休息	休息	长跑 13 公里 xx	休息
第 3 周						
MM（*/**） 合计 8 公里	步行 30 分钟 XT 或休息	速度练习 10x400（*/**）	XT 或休息	休息	长跑 6.5 公里 xx	休息
第 4 周						
RR（*/**） 4 公里（22'09"） + 800 米 （02'11" 每圈）	步行 30 分钟 XT 或休息	速度练习 12x400（*/**）	XT 或休息	休息	长跑 16 公里	休息
第 5 周						
MM（*/**） 合计 9.6 公里	步行 30 分钟 XT 或休息	速度练习 14x400（*/**）	XT 或休息	休息	8 公里	休息
第 6 周						
RR（*/**） 4.8 公里（26'48"） +1200 米 （02'11" 每圈）	步行 30 分钟 XT 或休息	速度练习 16x400（*/**）	XT 或休息	休息	长跑 17.5 公里 xx	休息
第 7 周						
MM（*/**） 合计 8 公里	步行 30 分钟 XT 或休息	速度练习 18x400（*/**）	XT 或休息	休息	长跑 8 公里 xx	休息
第 8 周						
RR（*/**） 5.6 公里（31'03"） +800 米 （02'11" 每圈）	步行 30 分钟 XT 或休息	速度练习 20x400（*/**）	XT 或休息	休息	长跑 21.5 公里 xx	休息
第 9 周						
4x400 （*/**）	步行 30 分钟 XT 或休息	速度练习 6x400（*/**）	XT 或休息	休息	RR（*/**） 6.5 公里（35'28"）	休息
比赛周						
（5-6）x400 （*/**）	XT 或休息	速度练习 （3-4）x400 （*/**）	XT 或休息	休息	比赛	

59'59"

时间目标：59'59 "

◎周三的 400 米间歇跑速度练习应当保持在 02'16" 每圈（标准跑道）。

◎长距离跑的配速不应快过 14'00"/ 英里（约合 08'42"/ 公里，为了快速恢复），并可以根据气温进行调整。

◎如果你还没有尝试过表中第一次长距离跑的距离，请在开始计划前，先让自己能跑完这一距离。

◎在周一的比赛排练时进行速度测试。

◎“神奇 1 英里”测试的总跑量作为“全部”位列末尾（穿插进行“神奇 1 英里”测试）。

◎在速度训练结束后，不应感觉非常疲劳，而是应当略有余力。在最后两组重复时，慢 1-3 秒也无所谓。

周一	周二	周三	周四	周五	周六	周日
第 1 周						
MM（*/**） 合计 6.5 公里	步行 30 分钟 XT 或休息	速度练习 6x400（*/**）	XT 或休息	休息	长跑 10 公里 xx	休息
第 2 周						
RR（*/**） 3.2 公里（19'20"） +1200 米 （02'22" 每圈）	步行 30 分钟 XT 或休息	速度练习 8x400（*/**）	XT 或休息	休息	长跑 13 公里 xx	休息
第 3 周						
MM（*/**） 合计 8 公里	步行 30 分钟 XT 或休息	速度练习 10x400（*/**）	XT 或休息	休息	长跑 6.5 公里 xx	休息
第 4 周						
RR（*/**） 4 公里（24'11"） +800 米 （02'22" 每圈）	步行 30 分钟 XT 或休息	速度练习 12x400（*/**）	XT 或休息	休息	长跑 16 公里 xx	休息
第 5 周						
MM（*/**） 合计 9.6 公里	步行 30 分钟 XT 或休息	速度练习 14x400（*/**）	XT 或休息	休息	8 公里	休息
第 6 周						
RR（*/**） 4.8 公里（29'00"） +1200 米 （02':22" 每圈）	步行 30 分钟 XT 或休息	速度练习 16x400（*/**）	XT 或休息	休息	长跑 17.5 公里 xx	休息
第 7 周						
MM（*/**） 合计 8 公里	步行 30 分钟 XT 或休息	速度练习 18x400（*/**）	XT 或休息	休息	长跑 8 公里 xx	休息
第 8 周						
RR（*/**） 5.6 公里（33'49"） +800 米 （02'22" 每圈）	步行 30 分钟 XT 或休息	速度练习 20x400（*/**）	XT 或休息	休息	长跑 21.5 公里 xx	休息
第 9 周						
4x400 （*/**）	步行 30 分钟 XT 或休息	速度练习 6x400（*/**）	XT 或休息	休息	RR（*/**） 6.5 公里（38'42"）	休息
比赛周						
（5-6）x400 （*/**）	XT 或休息	速度练习 （3-4）x400 （*/**）	XT 或休息	休息	比赛	

01h09'

时间目标：01h09'

◎周三的 400 米间歇跑速度练习应当保持在 02'38" 每圈（标准跑道）。

◎长距离跑的配速不应快过 15'00"/ 英里（约合 09'19"/ 公里，为了快速恢复），并可以根据气温进行调整。

◎如果你还没有尝试过表中第一次长距离跑的距离，请先在开始计划前，让自己能跑完这一距离。

◎在周一的比赛排练时进行速度测试。

◎“神奇 1 英里”测试的总跑量作为“全部”位列末尾（穿插进行“神奇 1 英里”测试）。

◎在速度训练结束后，不应感觉非常疲劳，而是应当略有余力。在最后两组重复时，慢 1-3 秒也无所谓。

周一	周二	周三	周四	周五	周六	周日
第 1 周						
MM（*/**） 合计 6.5 公里	步行 30 分钟 XT 或休息	速度练习 6x400（*/**）	XT 或休息	休息	长跑 10 公里 xx	休息
第 2 周						
RR（*/**） 3.2 公里 （22'15"） +1200 米 （02'48" 每圈）	步行 30 分钟 XT 或休息	速度练习 8x400（*/**）	XT 或休息	休息	长跑 13 公里 xx	休息
第 3 周						
MM（*/**） 合计 8 公里	步行 30 分钟 XT 或休息	速度练习 10x400（*/**）	XT 或休息	休息	长跑 6.5 公里 xx	休息
第 4 周						
RR（*/**） 4 公里 （27'48"） +800 米 （02'48" 每圈）	步行 30 分钟 XT 或休息	速度练习 12x400（*/**）	XT 或休息	休息	长跑 16 公里 xx	休息
第 5 周						
MM（*/**） 合计 9.6 公里	步行 30 分钟 XT 或休息	速度练习 14x400（*/**）	XT 或休息	休息	8 公里	休息
第 6 周						
RR（*/**） 4.8 公里 （33'20"） +1200 米 （02'48" 每圈）	步行 30 分钟 XT 或休息	速度练习 16x400（*/**）	XT 或休息	休息	长跑 17.5 公里 xx	休息
第 7 周						
MM（*/**） 合计 8 公里	步行 30 分钟 XT 或休息	速度练习 18x400（*/**）	XT 或休息	休息	长跑 8 公里 xx	休息
第 8 周						
RR（*/**） 5.6 公里 （38'55"） +800 米 （02'48" 每圈）	步行 30 分钟 XT 或休息	速度练习 20x400（*/**）	XT 或休息	休息	长跑 21.5 公里 xx	休息
第 9 周						
4x400 （*/**）	步行 30 分钟 XT 或休息	速度练习 6x400（*/**）	XT 或休息	休息	· RR（*/**） 6.5 公里（44'30"）	休息
比赛周						
（5-6）x400 （*/**）	XT 或休息	速度练习 （3-4）x400 （*/**）	XT 或休息	休息	比赛	

01h19'

时间目标：01h19'

◎周三的 400 米间歇跑速度练习应当保持在 03'02" 每圈（标准跑道）。

◎长距离跑的配速不应快过 16'00"/ 英里（约合 09'56"/ 公里，为了快速恢复），并可以根据气温进行调整。

◎如果你还没有尝试过表中第一次长距离跑的距离，请先在开始计划前，让自己能跑完这一距离。

◎在周一的比赛排练时进行速度测试。

◎“神奇 1 英里”测试的总跑量作为“全部”位列末尾（穿插进行“神奇 1 英里”测试）。

◎在速度训练结束后，不应感觉非常疲劳，而是应当略有余力。在最后两组重复时，慢 1-3 秒也无所谓。

周一	周二	周三	周四	周五	周六	周日
第 1 周						
MM（*/**）合计 6.5 公里	步行 30 分钟 XT 或休息	速度练习 6x400（*/**）	XT 或休息	休息	长跑 10 公里 xx	休息
第 2 周						
RR（*/**）3.2公里（25'27"）+1200 米（03'09"每圈）	步行 30 分钟 XT 或休息	速度练习 8x400（*/**）	XT 或休息	休息	长跑 13 公里 xx	休息
第 3 周						
MM（*/**）合计 8 公里	步行 30 分钟 XT 或休息	速度练习 10x400（*/**）	XT 或休息	休息	长跑 6.5 公里 xx	休息
第 4 周						
RR（*/**）4 公里（31'50"）+800 米（03'09"每圈）	步行 30 分钟 XT 或休息	速度练习 12x400（*/**）	XT 或休息	休息	长跑 16 公里 xx	休息
第 5 周						
MM（*/**）合计 9.6 公里	步行 30 分钟 XT 或休息	速度练习 14x400（*/**）	XT 或休息	休息	8 公里	休息
第 6 周						
RR（*/**）4.8公里（38'13"）+1200 米（03'09"每圈）	步行 30 分钟 XT 或休息	速度练习 16x400（*/**）	XT 或休息	休息	长跑 17.5 公里 xx	休息
第 7 周						
MM（*/**）合计 8 公里	步行 30 分钟 XT 或休息	速度练习 18x400（*/**）	XT 或休息	休息	长跑 8 公里 xx	休息
第 8 周						
RR（*/**）5.6公里（44'35"）+800 米（03'09"每圈）	步行 30 分钟 XT 或休息	速度练习 20x400（*/**）	XT 或休息	休息	长跑 21.5 公里 xx	休息
第 9 周						
4x400（*/**）	步行 30 分钟 XT 或休息	速度练习 6x400（*/**）	XT 或休息	休息	RR（*/**）6.5 公里（50'55"）	休息
第 10 周						
（5-6）x400（*/**）	XT 或休息	速度练习（3-4）x400（*/**）	XT 或休息	休息	比赛	

#10

训练如何作用于身体?

心、肺、脑、神经的“团队”

在团队类职业竞技运动中，一个常见的现象是——几个天才运动员，打不过一帮能力稍差、但是“抱团”的队伍。5 公里 /10 公里训练计划中的每一部分，都会提高你的能力。不过，只有当你有规律地循序渐进练习时，整体能力提高的幅度，才会大于每种能力提高幅度之和。

更强的心脏

如同其他肌肉，经过系统的耐力训练后，心脏的强度和效率都会提高。进行速度练习，会提升心血管系统的适应能力。

肺

呼吸以及体内气体交换的效率得以提升。

内啡肽（天然止疼药）

可以减轻不适。当你的耐力与速度门槛得到提升后，会产生放松和兴奋的感觉。

长距离跑可以让你的耐力门槛超越比赛距离

通过逐渐延长长距离慢跑，你可以训练肌肉细胞，提高氧气利用率和持续产生能量的能力，从而提升长跑效率。渐进式的长跑训练可以增加毛细血管供应氧气的辐射范围，以及促进身体内的废物代谢。通过对这种类似“水泵”作用的改进，体能可以达到应对长跑的最佳状态。这一系列改进的好处是：即使在疲劳的时候，依然可以保持体力。

第一次参加 5 公里跑或 10 公里跑的人，至少应当隔天训练一次（比如周二与周四）

周二与周四分别进行半小时跑步，就可以维持周末训练需要的耐力水平。如果跑者按照这一计划训练，几乎不会遭遇什么伤病。如果你的训练量大于该计划，并且没有出现伤痛，你也可以谨慎地坚持原来的训练计划。根据本计划，以某个成绩为目标的跑者，在周二或周四应该进行速度或跑坡练习。

动作练习

通过改进跑步动作，提高跑步效率。

速度练习

提高无氧门槛。每次进行速度练习，都是向着目标速度接近一步。每次练习结束时，即使你感觉疲劳，依然可以按照合适的速度，坚持跑上一段距离。速度练习可以模拟比赛临近结束时的情形，能让你的身体、头脑和意志更好地融为一体。

#11

5 公里 /10 公里动作训练

跑得更快、更轻松

下面的动作训练，帮助过数以千计的跑者备战 5 公里跑和 10 公里跑。每周进行两次动作练习，初级跑者们能够发现，坚持跑步会更为轻松；资深跑者们能够发现，保持比赛速度会更为轻松。每个动作练习都以提高具体的能力为目标，当你进行完所有动作练习后，你会感到脚下轻松，姿势改进，主要肌肉群也更加强壮。经常进行动作练习，有助于消除跑步时多余的肢体动作，减缓冲击，节省体力，增加步幅或提高步频。每个练习都会让你跑得更为顺畅和高效。

何时

动作训练应当在长距离跑之后进行。也可作为“神奇 1 英里”、比赛或是速度练习前的热身环节。许多跑者告诉我，动作训练是让原来有些“枯燥”的练习更为有趣的好方法。

步频练习：改进双腿轮替动作

这一练习可以提高跑步效率，同时还可以改进跑步动作。如果你坚持每周练习，那么在若干周或若干月后，你会发现自己的步频在不知不觉中逐渐增加了。

◆行走 5 分钟热身，然后轻缓地跑走结合 10 分钟。

◆慢跑 1-2 分钟，然后进行 30 秒计时跑，在这 30 秒里，数左脚落地的步数。

◆走 1 分钟。

◆在第二个 30 秒钟的动作练习时段，尝试增加 1-2 次左脚落地次数。

◆重复 3-7 次，每次增加 1-2 次左脚落地次数。

◆如果不能再增加，那就维持目前的次数。在增加步频的过程中，身体的自发调控机制会产生一系列的适应，让脚、腿、神经系统以及身体对步频带来的感知功能协同运作，形成有效率的整体动作：

◎脚落地动作更轻盈敏捷。
◎腿部与双脚在跑步时的额外动作越来越少，直至消失。
◎身体的移动与前进更为省力。
◎与地面的距离更近，减少无谓的弹跳动作。
◎脚踝的效率提高。
◎减少易疼痛部位的使用。

加速练习

这是关于速度的动作练习，或者叫作法特莱克（Fartlek）练习。通过有规律的训练，能够适应不同的跑步速度，并且让全身肌肉在不同速度下灵活切换。最大的练习收获，就是学会如何顺应运动惯性。

◆在不进行长距离跑的日子里，穿插在较短的跑步中进行；或是作为速度练习测试跑与比赛前的热身。

◆用约 800 米的轻松跑来热身。

◆许多跑者在进行完步频练习后立即转入速度练习，当然，你也可以根据需要在二者中间留出间隔。

◆每次做 4-8 组。

◆每周至少做一次。

◆既不要冲刺，也不要耗尽体力。

在一日速成跑步班以及周末的健身跑课程上，我经年累月地教授这一方法，我可以说，只要按照下列原则（而非细节）训练，多数人都能取得进步。因此，只管去尝试吧！

加速最重要的练习

想象一下自己跑下坡的瞬间，那就是加速。如果你愿意，你可以利用下坡练习。但重要的是，请在平地上至少做两次。哪怕只有 5-10 步，你也要好好利用练习的时间。

坚持每周练习

正如步频训练，动作练习的规律性十分重要。如果你与常人水平相似，那么最初的速度练习不会太快。只有每周都练，才能保证你能把加速状态维持的越来越久。

不拘小节

我用"步数计算"作为动作练习的一般要领。但是，不要纠结于精确的数字。最重要的是，在时间长短不等的练习中，把动作做标准，并提高熟练度。

顺畅过渡

在进行不同的速度训练时，你相当于把自己当成一辆车，在不同的档位之间切换。不要突然改变运动强度，而是要采取渐进式的过渡。

如何做到

首先，以稍快速度跑 15 步，逐渐过渡到习惯的跑步速度。

然后再经过 15 步，达到在比赛中的速度。

下面该是减速阶段了，先尽量长时间地让自己借助刚才加速时获得的惯性，再逐渐减速。一开始，你只能借助惯性跑四五步，但是在几个月后，你就能跑 20 步，甚至 30 步或更多了。

整体目标

每周坚持进行动作练习，会让你在跑步时感觉更加轻松顺畅。这样就可以在不耗费更多体能的情况下跑得更快，这就是动作练习的目标。

有时候，你借助惯性会跑得更远一些。通过经常练习，你会发现，即使用最小的身体前倾角度，也可以利用惯性在平地上跑 10-20 码（9.14-18.28 米）。通常而言，加速并利用惯性可以节约体能、减少疲劳，在比赛中保持较快的速度。

#12

速度训练的重要性

从某种意义上说，每个跑者都希望自己能够跑得更快，甚至嫉妒那些同时开始跑步，但早在一年前就取得更大进步的人。有些平时看似不怎么活动的人，拥有优秀的耐力运动潜能。事实上，跑者们最希望拿来说事儿的，还是更快的跑步速度。本章会解释速度训练为什么重要、注意事项，以及如何让你跑得更快。

我不建议第一次参加 5 公里或 10 公里比赛就以时间成绩为目标

还是参加完第一场比赛，再来翻阅本章吧。在早期的训练计划中，应当把通过长跑，从提高耐力中获得满足感作为重点。只要能够完成，就是第一次比赛的胜利（挺直身体，

面带微笑地越过终点）。

了解自己的极限

多数人穷尽一生也没有机会去探索生理极限，更别说去逾越它了。某些进行速度练习的初级跑者们沉溺在挑战自我的虚幻中，陷入成瘾状态，导致练习过度。本书中的训练计划是渐进提升的，能够让你逐渐提高能力，每次只需要比现在跑得快一点。人可以控制自己的努力水平，因此你可以采用相对保守的训练策略。提高能力的过程包括预测和调整，以及进退有据，劳逸结合。正确地进行速度练习，可以让身体、思维以及精神更好地融为一体，增进全面健康。

每次练习都会稍稍增加速度跑的重复组数。你的肌肉适应和心肺功能会在训练中得到提升，对速度的判断能力以及毅力也会进步。哪怕只在一个季度中进行速度训练，也能起到减缓比赛焦虑的作用。在跑步训练中克服微小困难的经历，也可被用在生活中的其他方面，去面对未知的挑战。就我所知，唯一能够战胜比赛中疲劳的方法，就是通过速度训练去模拟这种疲劳，然后进行适应。

主观认知

有些最为谦卑的初级跑者，在训练中成为了积极的竞技跑者。随着成绩的提升，主观认知也在发生更大的变化。“如果我每周进行一次速度练习，成绩能提高 10 秒；那么一周两练就能提高 20 秒。”于是，他们就犯了错误，只把年龄组的成绩排位作为对跑步满意的唯一来源。在这种情绪的驱使下，跑者很难享受到内啡肽的快乐，因为成绩成了判断快乐的唯一标准。这种心理常常导致比赛失利（因为赛前过度训练），以及随之而来的失望。如果用品尝蛋糕打比方，我希望你的乐趣来自蛋糕的材料和口味（跑步带来的身心收益），把成绩进步当作蛋糕尖上的糖霜（锦上添花）。

在成绩提高的同时，自然能够获得精神愉悦；同时也要意识到，改进绝不可能无穷无尽。当表现不如人意时，必须正确地调整心理。在速度训练时，会发生自然选择的过程：思想必须顺应现实情况，并进行调整。通过维持和享受每周一次的轻松跑，你可以认识志同道合的跑友，分享跑步的乐趣；在跑得开心的同时，维持对自己跑步能力的正确认识。

跑步不可避免地要受到天气等不可控因素的影响。请记录至少半数这种场合下的成绩：比赛成绩比预期的慢。出现这种局面的原因常常是主观想要快跑，而实际能力和现实条件并不允许。请保持耐心，从失败中反思总结，不断进步。

保持信心，乐观前行。与其他方式相比，挑战极限可以让你更加了解自己。真正的收获在于：找到内心的力量，利用它来克服比赛或生活中遇到的更大困难。

快跑需要多努力

为了跑得更快，你必须超越目前的能力。当心！即使略微超过目前的极限，也需要更长的恢复时间，并且受伤的风险也会更大。秘诀就是每次训练略有提高，并且保证足够的休息时间，这样才能更好地恢复和改进体能。渐进增加训练强度的好处是可以持续的增进健康。

我们的身体具有通过最少量的活动节约体能的内在机制。因此，在经过数月的渐进式训练，提高了与长跑有关的耐力后，腿部的肌肉，肌腱以及韧带依然需要适应速度训练。避免伤病的最好方法，就是在训练时逐渐增加重复组数、跑步时间以及强度。只有让身体充分休息恢复，才能提升运动能力。在休息期间，身体会自主产生以下适应：

◎线粒体（肌肉细胞内的能源产生单位）的数量以及功能都会增加。
◎脚的运动机制会得到改进，让跑步更为省力。
◎腿会产生抗疲劳的适应。
◎肌肉细胞的协同动作增强，变得更结实，运动能力提高，有利于向心脏回流血液。
◎注意力更集中。
◎当你发现自己的能力提高时，精神会更亢奋。

内啡肽止疼，让你感觉更愉悦

以任何速度跑步，特别是参加速度训练，身体都会自我提示需要止疼，本能反应就是分泌天然止痛剂——内啡肽。这种类似麻醉剂的激素，可以对付肌肉的不适，并且改进情绪——尤其是在跑步后。在恢复期间进行步行，能够聚集内啡肽，进一步提升愉悦感。

逐渐提升运动负荷

坚持系统训练，在运动负担逐步微量增加，并且有足够的时间进行休息恢复时，能够逐步提高体能。但是，如果运动量过大，或是休息不足，疼痛就会不断加剧，伤病风险也会随之而来。进行适当的速度练习，可以在解决上述问题的同时，让你逐步达到预期的目标。只要练习得当，多数跑者的水平可以在数年内不断提升。

速度“重复”与休息“间隔”

一组速度练习由若干次重复的等距离跑步组成（通常是在操场上跑圈），相邻两次跑步之间穿插一定时长的间隔休息，用于恢复体力。当我们在速度练习中跑得比预计的比赛速度略快，并且跑量也比上周训练中略大时，增加的运功负担会使肌肉细胞、肌腱等发生微损伤，这些损伤会引起微观结构的改变与适应，结果是轻微的超负荷运动能够让身体变得更结实。但是，这种刺激必须适度，并且伴以足够的休息，来让身体进行调整。

通过动作练习让身体适应速度训练

据我所知，让身体适应动作练习的最佳方式，是在“动作练习”章节中的两套动作：步频练习与加速练习。前者可以帮助加快步频；后者则是通过一系列短时间准备，将练习者逐步引入速度训练。在适应期进行的跑步大多数都是轻松跑。我建议在每周 1 次或 2 次的短距离跑训练中进行动作练习，改进跑步效率，使肌肉产生适应，几乎不受伤地应对强度更大的后续速度训练。

每周练习的适度增加会导致肌肉的轻度损伤

每周的速度训练包括若干次速度跑，以及其间穿插的休息间隔。随着速度跑次数逐周增加，身体承受的运动负荷也在不断增加。每周的训练都会把肌体推向略微超过上周极限的水平。肌纤维在重复运动动作的过程中，也会不断经历疲劳。在随后的一两天内，肌肉和肌腱会出现酸疼，以及全身疲劳。在速度训练后的一两天里，有的人连走路都会觉得别扭，这种现象多数属于正常范围。当不适感非常严重时，也许就是训练过度了。此外，运动负担过大还会导致情绪低落。

损害

大强度训练后的细胞损伤如下：

◎肌细胞膜撕裂。

◎线粒体（细胞内的能量单元）被吞噬。

◎肌肉内糖原含量降低（速度训练需要的能量来源）。

◎运动产生的代谢废物，如骨骼、肌肉的微观碎片等生理“垃圾”在肌体中堆积并发生化学反应。

◎有时还会发生血管与动脉的微观撕裂。血液由血管破损处流入肌肉。

这些损伤会让肌肉、肌腱等经过恢复变得比原来更为结实

当体能活动超越目前的极限后，在适应机制的作用下，身体经过充分的休息会变得更结实。

运动负荷的微量渐增好过大量剧增，因为前者能够更快得实现恢复和适应。

如果想提高体能，必须保证足够休息

在速度训练后的两天内，如果你获得了足够的休息，会看到以下可喜变化：

◎体内代谢废物清理干净。

◎细胞膜变厚，能承受更大的负荷而不会破损。

◎线粒体的数量和体积增加，以后供给能量的效率提高。

◎循环系统的微损伤获得恢复。

◎如能坚持按计划训练，一系列其他的生理适应也会随即发生，比如毛细血管密度增加（循环系统的末梢），这就提高了氧气以及代谢产物交换的效率。

这些还只是关于提高运动能力方面的进步：运动生理机制、神经系统、体能、肌肉效率等。伴随体能增强的，还有思想与心理的提升。心理，身体与心灵结合成了整体，共同提高健康和运动能力。此外，积极的心态同样是重要的收获。

优质休息：两次训练间的 48 小时

在两次练习之间的 48 小时休息期，请不要从事那些需要持续使用腿部、双脚肌肉与跟腱的运动（踏频器、有氧台阶以及没有脚箍的动感单车）。如果某个薄弱部位有痛点，请不要做刺激痛点的运动。行走是休息日适合进行的缓和锻炼。同时，还可以进行本书中的一系列交叉练习。只要不持续使用跑步时劳损的肌肉，都是可以在这段休息期进行的练习。

注意垃圾里程

为了时间目标训练的人，经常因为在本该休息的日子依然训练而受伤。比起长距离跑，速度练习带给腿脚的负担更大，需要 48 小时的休息期。而在此期间进行的短距离跑，既不能引起身体的适应，又不能让疲劳得到恢复。

规律性

为了持续产生适应，你必须保持训练具有规律性，比如坚持每 2 天跑一次。为了能够越跑越快，就要按照本书中的训练计划坚持练习（加速跑以及步频训练），每周进行速度间歇跑。只要身体允许，可以每次比计划多跑 1 公里；但最好还是尽量按照计划进行。如

果连续两次错过训练，就有可能损失已经获得的能力。放下的越久，再捡起来就越不容易。

“肌肉记忆”

即使时间久远，你的神经肌肉系统也会“记住”经常从事的肌肉活动模式。你坚持跑步的时间越久，因故停跑后就越容易重新开始。例如，在进行速度练习的最初几个月里，你需要中断跑步一周。如果你曾经坚持跑步数年，一周的短暂中断并不会对逐渐回归跑步产生什么影响，过往的经验还能让你顺利找到跑步的感觉。在中断一段后重新开始速度练习时，请记得从慢速开始逐渐恢复。

技巧：
担心没有时间吗？只要做几个简单练习

◎假设你无法到操场训练，最多只能跑 15 分钟。那么请这么做：先进行 3-4 分钟逐渐加速的慢跑；在接下来的 5-9 分钟里，按照在操场训练的计划速度进行几次 1-2 分钟的加速跑；最后逐渐减速跑 3-5 分钟。即使速度不理想也不要自责。这样总好过一周不动。到了下一周，就可以按照那时的计划继续练习了。

在长距离跑时进行有氧练习

有氧的含义是“存在氧气”。有氧跑是那些能够舒适进行的慢跑，这时，肌肉能够从血液中获得足够的氧气，来维持细胞中的能量供给（主要是依靠消耗脂肪）。在有氧跑步时，肌肉中的代谢废物产量最低，易于清除，并且不会形成大块的肌肉。

速度练习：进入无氧区，产生“氧债”

无氧跑步意味着尽力跑快、跑远。当你在训练中接近极限时，肌肉无法获得更多的氧气去使用最高效的燃料——脂肪，因此只能退而求其次去消耗储量有限的糖原。使用糖原作为能量产生的代谢废物迅速集聚在细胞中，导致肌肉紧张，呼吸急促。于是，你就进入了被称为“氧债”的状态。如果你在无氧状态下跑的时间过长，就会越跑越慢直至筋疲力尽。但是，如果你要达到某个时间目标，并且按照合适的速度跑，那么无氧跑步只占整个比赛或训练过程的很少一部分。

无氧门槛

随着速度练习次数的增加，你的无氧门槛也在不断提高。这意味着，按照相同的速度，在不耗尽全部体力的前提下，你能比以往跑得更远。在到达疲劳点之前，肌肉能够推动身体跑得更快更远。每次速度练习都会让你不断深入无氧状态，速度训练可以通过提高无氧门槛加强运动能力，让身心更加适应无氧状态下的跑步，更能忍受肌肉的紧张和疲劳——即使在这种情况下依然坚持不放弃。拥有无氧运动状态的较强承受力，是跑快的基础。

关于有氧状态的说话测试：

◎如果能够不费力地长时交谈，那么就是处于有氧状态。

◎如果能够保持不费力说话 30 秒，随后的喘息不超过 10 秒，那么就是大部分时间处于有氧状态。

◎如果只能说话 10 秒钟，然后就要喘息 10 秒钟，这时开始遇到无氧门槛。

◎如果只能说几个词，并且大部分时间气喘吁吁，那么就是处于无氧状态。

为了达到目标，你是否训练过度？

过度专注于时间目标，你就会面临很大的压力，甚至难免会有负面情绪。当出现这些不好的苗头时，请先休整身心。

◎跑步已经不再是乐趣。

◎不再期待跑步。

◎当谈论跑步时，总是谈到负面的体验。

◎跑步中的负面体验影响了生活的其他方面。

◎把跑步当作任务，而不是娱乐。

速度练习与个人成长

除了跑步能力的提高，你还应当看到坚持跑步训练带来的综合运动能力与耐力的提高，这可能让你受益一生。在绝大多数情况下，跑步都充满了意想不到的快乐，这份快乐会让你在面对困难时充满乐观精神。大强度训练产生的能力提升，同样会带来快乐与满足感。

速度练习的真相是，遇到挫折的场合情况远远多过获得的成就。但是，正是这些挫折，让你能够更好地学习反思。克服困难让你更为坚强，也是进步过程中最宝贵的收获。在你发掘自身潜能的过程中，你会发现自己的能力超乎想象。

#13

5 公里 /10 公里比赛日攻略

许多第一次参加 5 公里 /10 公里赛的跑者都会被现场热烈气氛感染，如果这种精神能量能够变为可以装进容器的燃料，恐怕足以省下好几个星期的汽油费了。

几乎每个参赛者都带着好心情，自始至终分享着激动和喜悦。

比赛的看点

◎好玩热闹。

◎比赛后的吃喝等。

◎服装与其他福利。

◎娱乐活动。

◎如果是第一次参赛，请寻找一场充满趣味元素、美食，以及初级跑者比例较多的赛事。

◎如果你想提高成绩，请找一场不太拥挤、组织完善以及赛道较为平直的比赛（不要有太多起伏和转弯）。

需要考虑的其他因素

赛道的难度——请了解赛道的难度与难点，选一个在容易出成绩的赛道上举办的比赛。

天气状况——查看比赛日的气象资料，理想的气温是在 14 摄氏度以下。当气温高于 14 摄氏度时，每升高 2 度，对应的配速就要慢 20 秒 / 公里。

赛会组织——组织者是否将比赛细节安排得井井有条，比如采用精确的计时与测量（例如比赛芯片），不排长队，容易报名，准时开始，以及那些最慢的跑者是否得到了组织者承诺提供的吃喝给养。

竞技跑者喜欢参加比赛，并且对组织者表示感谢。

渠道：如何查找比赛

跑者很容易得到赛事组织者提供的报名表，以及其他文字资料。请向有关人士说明你是第一次参赛，还是准备达到某个时间目标。按照前述标准，挑选一场比赛吧。

跑步爱好者

参照上述标准。向身边的跑步爱好者打听一下有哪些经典赛事值得参加，询问如何报名，以及比赛概况等细节。此外，跑步用品店的导购，报纸杂志上的评论，都可以帮助你选择比赛。

跑步俱乐部

请加入附近的跑步俱乐部（如果有），俱乐部成员也会向你推荐比赛。你可以通过网络搜索查找跑步俱乐部。例如，在美国，全美路跑者俱乐部（Road Runner's Club of American）是全国性的跑步俱乐部，在它的网站上可以查到各地区跑步俱乐部的信息。

报纸广告

许多报纸的周末或体育版，会刊登当地体育赛事的资讯。在美国，一些周五或周日出版的报纸的生活栏目中会有此类内容，还有一些会登载在体育版的“跑步”或“路跑赛”栏目下。

网络搜索

通过网络检索“跑步比赛”等内容，会有很多结果。此外，还有专门从事比赛在线报名的服务企业，比如“益跑网”等。在这些网站上，你时常可以找到住所附近的比赛，查阅概况然后报名参加。

如何报名

◆在线报名。越来越多的比赛开始采取在线报名的形式，这就省略了寻找报名表以及在截止日期前填写邮寄的过程。

◆手工填写报名表并邮寄。在美国，有的跑步用品店会有一些合作比赛和健身俱乐部的报名表。你需要做的是填写姓名、通讯地址、服装尺寸等信息，并签署免责协议。有的还需要现场缴纳报名费用。

◆在比赛时出现。有的比赛不提供比赛当日的报名，请在事前予以确认。拖延总是有代价的——但你可以得到更为精确得的比赛当天天气预报。

排练

如果有可能，请至少沿着赛道跑一次。你会了解如何抵达，如何停车（或是如何离场），各种设施如何分布等比赛细节。如果你打算开车去参赛，请提前开到停车场熟悉环境。这样，在熙熙攘攘的比赛日，你就能够驾轻就熟地处理相关事务。在赛道的最后半公里连跑 2 次，因为这是比赛中最重要的部分。此外，还要观察哪些位置可以用来步行休息（比如人行道或辅路）。

想象排队的场景。第一次参赛的跑者应当站在起点的末尾。如果站得靠前，就有可能挡住速度较快的跑者。第一次比赛不妨慢慢跑，以享受过程为主。如果你在比赛中打算像平时训练那样，靠走路来休息，那么最好还是站在队伍的后方；如果有辅路或人行道，你就可以在那里步行休息了。

比赛前的下午

在比赛前一天不要跑步。即使你在比赛前两天都不跑，也不会失去已经具有的能力。有的比赛在赛前 1-3 天还举办展览会，运动行业的公司会展示鞋服、装备、书籍等，而且价格通常也不贵。请注意在展会现场销售的跑鞋，这些鞋子可能号码不全，并且在赛前试穿的时间非常有限。最好是去跑步用品专卖店买鞋，参照本书中的买鞋建议，购买合脚的跑鞋。

有的比赛会要求跑者在比赛前领取参赛号码，以及计时芯片。请在比赛网站或是报名表上查阅有关信息。多数比赛允许跑者在当天领取物资，请提前确认。

比赛号码

比赛号码应当用别针固定在服装前方，始终保持可见性，并在比赛中全程佩戴。

电子芯片

越来越多的比赛开始采用感应芯片的电子计时系统，芯片会记录你的比赛号码以及通过终点的成绩。芯片应当被固定在鞋面的正上方，有的比赛也提供戴在手上或脚腕的指卡或腕带芯片。如果芯片不是一次性使用，在终点会有志愿者负责回收，请在见到志愿者时从鞋子上取下芯片交还。在有的比赛中，对不退还芯片者，要扣取赛前缴纳的芯片押金。

补充碳水化合物

有的比赛会提供赛前晚宴，不过，最常见的情形是跑者们围坐聊天。一般经验是比赛前不要吃得太饱。有的跑者误以为，比赛前的那顿晚饭应该使劲多吃，但这样做的结果往往适得其反。人体消化系统把食物加工成比赛中所需的供能物质，需要 24 小时甚至更久。因此，少吃未必是坏事。

如果肚子里的未消化食物太多，在比赛时就会随着身体活动颠簸，感觉一定不会好，甚至会发生腹泻等尴尬的情况。既然比赛前一天的下午和晚上不能不吃，那么最好的办法就是少吃多餐；并且随着休息时间的来临，减少每次吃下的东西。如同其他类似的情况，比赛前的饮食也可以通过“排练”去适应，弄明白什么食物合胃口，应该吃多少，何时停止吃东西，以及什么不该吃等。在长跑训练前的那天晚上或下午，可以用来适应比赛时的饮食。在比赛前，照搬过往的成功经验吧。

喝水

在比赛前一天，要有规律地喝水。如果已经连续几小时没喝水，请每小时喝 250 毫升水或运动饮料。在比赛前 60-90 分钟里，不要喝太多水，喝多了反而可能在比赛中找厕所耽误时间。许多比赛都会在赛道两旁布置移动公厕，因为喝水过多不得不“浇树”的不文明现象，在比赛中真的是太普遍了。请在比赛前 2 小时喝 180-310 毫升的水或饮料，这个数量的饮水通常不会对比赛造成什么影响。

技巧：

如果你在长距离跑之前练习饮水，就能发现比赛时应该喝多少。请记录每次的喝水量和时间，这样你就知道多久需要去一次厕所了。

比赛前一晚

在下午 6 点过后，吃东西就成为了可选事项。如果饿了，就吃点以前习惯吃的简餐。只要不至于睡觉时被饿醒，吃得越少越好。在睡前两小时，再喝 250 毫升含有电解质的运动饮料。

酒精可能引发次日上午的中枢神经系统抑制，因此在比赛前一天最好不要喝酒。有的跑者可以喝一点红酒或啤酒，而另一些人则滴酒不沾。如果想喝酒，最好少喝。

将比赛服装等物品准备停当，这样第二天早上就可以节约时间了。这些物品包括：

◎手表设置好跑 / 走切换提醒。

◎鞋与袜。

◎短裤。

◎上衣（请参阅穿衣参考）。

◎把比赛号码固定在服装正前方。

◎几枚额外的安全别针。

◎水与电解质饮料，以及赛后饮品。

◎补充体能的食品。

◎绷带，凡士林以及其他可能用到的急救物资。

◎现金，也许比赛日现场报名时需要使用（请查阅比赛网站等资讯），有些比赛的现场报名费比提前报名的费用更高。

◎根据比赛规程固定好计时芯片。

◎在起点排队时打发时间的笑话和故事。

◎一份“比赛日清单”，形式详见下文。

睡眠

你的睡眠质量不可预知。但是，即使没睡好也不要太过担心。我指导过的许多跑者每逢比赛就整晚睡不着，但这并不影响他们发挥水平，甚至取得最好成绩。当然，睡不好绝不是好事。不过，万一遇到睡眠障碍，那就忽略它吧。

比赛日清单

比赛时携带日程清单，可以做到有备无患。在比赛当天，除了健康与安全，不要尝试任何新鲜事物。我知道的唯一有好处并值得尝试的新事物，就是在比赛中采用跑走结合策略，即使是第一次比赛的初跑者也可从中获益。否则，还是执行原来的计划吧。

饮水和如厕

早上醒来后，按照已经在长跑训练日习惯的饮水量去喝水。如果需要喝能量饮料，请在比赛前 30 分钟前喝完。如果喜欢喝凉的，也可以冷冻。为了减少上厕所，请根据以往的经验控制喝水数量。在比赛当天，不要喝以前没有喝过的东西。

进食

吃那些在训练时就熟悉的合胃口食物。在 5 公里和 10 公里比赛前，不吃东西也可以承受（糖尿病人等特殊人群除外），执行医生或营养师认可的方案即可。

赛前活动

去实地走动，了解起点的排队区域，或是速度分组。选择人行道或辅路较为平坦的一侧，在需要时进行走路休整。报名或领取参赛号码等物品，如果已经准备妥当，请忽略这一步骤。如果还没有准备好，请查看标志指引，去指定区域完成相应的步骤。有的比赛允许赛前一天报名，也设有供晚到跑者领取物品的专门通道。

在比赛开始前 40-50 分钟进行热身。如果条件允许，沿着比赛方向行进 700-800 米，然后返回起点，这样，你就能对赛道最重要的部分有所了解。下面是热身步骤：

◎慢走 5 分钟。

◎按照正常速度走 3-5 分钟，脚步要放松，步幅要小。

◎打开手表计时，按照比赛中将要采用的跑走比例“预热”10 分钟。

◎随意走动 5-10 分钟。

◎如果你想要达到某个时间目标，做 4-8 组加速跑练习。

◎如果还有时间，在排队区走动一下，想想笑话和故事，放松心情。

◎在指定的起跑区就位，等待起跑。

◎当起跑时，站到人群末尾的人行道一侧，等待出发（针对首次参赛者）。

起跑后

记住：
通过采用保守的速度和跑走结合策略，你可以控制比赛和赛后的情况。

◎保持适当的跑走比例，不要错过每一次步行休整，尤其是第一次。

◎如果天气暖热，放慢节奏，多走走。（气温在 14 摄氏度以上时，每超过 2 度对应每公里减速 20 秒）。

◎在跑的时候，不要跑得太快。

◎当被别人超过时，不要灰心，告诉自己：只要坚持赛前计划，就一定会反超他们——你能做到。

◎如果有人把你走路当作体弱进行嘲笑，只管说：“这是我顺利完成的诀窍，屡试不爽。”

◎与旁人交谈，保持微笑和娱乐心态。

◎当天气炎热时，路过水站记得向头上浇水降温（在 5 公里跑时，通常可以不喝水，除非你特别想喝）。

在终点

◎保持挺胸直背。

◎保持微笑。

◎盼望下次比赛。

完成后

◎走 800 米。

◎喝 110-230 毫升水。

◎在比赛后的半小时，吃含有 80% 碳水化合物以及 20% 蛋白质的食品。

◎在比赛后的两小时内，用冷水泡脚 10-20 分钟。

◎当天的晚些时候，步行 20-30 分钟。

第二天

◎轻松步行 30-60 分钟，可以一次完成，也可以分次进行。

◎喝 110-170 毫升的水或运动饮料。

◎在休息调整一周后，再准备下一场比赛，或是决定永不参赛。

#14

利用训练日记管理训练

如果不用写字，那该多好。在生活中，多数人花在动笔记录健康相关事务上的精力，可谓少之又少。如果没有训练日记，你会很容易忘记一些容易导致受伤的细节，以及如何改进动作效率，争取更好成绩的要领。

利用训练日记，我们可以规划管理未来的训练，培养更好的习惯，吸取经验教训，以及持续地记录和观察能力的变化。每个人都可以找个记录本，然后简单记下每次训练的情况。这通常只需要几分钟的时间。以后，你可以据此进行必要的调整。养成记日记的习惯，可以更好地管理未来的训练，也能更好地总结经验。

我不建议按计划做得面面俱到。许多令人惊喜和值得铭记的瞬间总是不期而至。在跑步日记中，写下这些乐事同样充满快乐。不过，通过记录训练进程，你可以在获得快乐的同时，提高训练效率，降低受伤风险。即使不为时间目标而跑，依然可以从记录训练中获得收获。日记的作用主要是在记录快乐的同时，避免训练过度导致的伤病。

在关于跑步的一切活动中，训练日记是用来掌握、评估和调整训练的最佳工具。你需要做的只是每隔一天花掉几分钟，写下训练的关键信息。在回顾训练日记上的条目时，你一定会充满喜悦之情。你会回忆起过去一周里发生的趣事、疯狂的念头，以及遇到的人与事，这一过程会让右脑有更多的快乐体验。制定训练计划，同时也在增进跑步的快乐。

能够坚持记录 5 公里 /10 公里跑步的人，更有可能成为终生坚持锻炼者

许多跑者告诉我，正是因为每天要写训练日记，才有动力坚持跑步。这个原因简单却又充满快乐。几周后，多数人都会从记录训练中获得满足感。如果能够坚持记录 6 个月，你也许就已经开始盘算未来的比赛、相应的训练，以及其他好玩的事了。我听说有的跑者干脆拿训练日记作为平时的日记，记录孩子的足球课，以及家长会的内容等。

坚持记录可以让你关注当下。当你专门花时间去跑步时，你就会发现，每年实际跑步的里程会比计划的多。训练记录是让你获得快乐和提高的指向标，只要你能够坚持记录，并且反思提高，就能掌控关于跑步的一切。

简单奖励 告别低潮

当感觉付出被肯定时，我们都会信心百倍，认为自己的付出是有意义的。即使是简单地记录每天的跑量，也会让你感到发自内心的成就感。如果能把所有进行跑步 / 健走锻炼的日子，以及不怎么想活动的日子都记录在案，也是一件快乐的事情。即使是最顶尖的跑者也有不在状态的低潮期，而坚持记录则可以帮助他们度过低潮，重新回到原来的状态。

这是你自己写的书

是的，你在写一本书。至少在最基本的层面上，你在勾勒未来几个月的训练计划。谁也不会告诉你，应当如何把这本书写下去。当跑者在日记本上记录跑量时，他们也会想到，应该把这种方法推广到生活的其他方面。即使那些一开始对写记录不感兴趣的跑者，在坚持写上一段时间后，也会觉得日记是个能够带来难忘回忆的好东西。因为你无须向任何人展示日记，你可以写下任何内容。如果时隔数月或数年再度翻看，你会发现对某次训练或比赛经历的记述是多么有趣。

你能捕捉到右脑转瞬即逝的信号吗?

记日记的一个有趣的挑战，就是如何抓住右脑中那些一闪而过的、带着创意灵感或是疯狂想法的点子。如果某天你想不起一件事，却想起了另一件事，这就是记忆的水龙头开闸放水的感觉。有的灵感经常会无缘无故地降临；而在另外一些场合，你会突然找到解决困扰了自己数月的问题的答案。如果你在跑步后第一个要回到的地点放一个笔记本，就可以随时记下那些转瞬即逝的想法，或是随之而来的疯狂念头。

各种日记

日历式 — 可以贴在墙上每天看

许多跑者是在挂历上——或是冰箱贴上开始尝试记录跑步的。翻看已有记录是一件让

Week of Jan 1

Day	Field	Entry	Rating (1–10)	Comments
Thursday Jan 4 (DATE)	GOAL	35 min easy (SC)	8 (circled)	Great run with Barb, Wes + Sambo – who took out the pace too fast + died at the end. The rest of us caught up on the gossip. Achilles ached so I iced it for 15 minutes.
	TIME	45 min		
	DISTANCE	@ 6.5		
	AM PULSE	49		
	WEATHER	cloudy		
	TEMP	40°		
	TIME	6 AM/PM (PM circled)		
	TERRAIN	rolling		
	WALK BREAK	—		
Friday Jan 5 (DATE)	GOAL	45 min (SP) 5 X 800 meter	5 (circled) felt; 8 (circled) performance	2:30 2:36 2:33 2:37 2:32 2:36 My best workout in years! – walked 400m between each – struggled on last one. Achilles ached – iced 15 min. 12 min warm up and warm down
	TIME	1:15		
	DISTANCE	7.5 mi		
	AM PULSE	53		
	WEATHER	45°		
	TEMP	sunny		
	TIME	5 AM/PM (PM circled)		
	TERRAIN	track		
	WALK BREAK	400 m		
Saturday Jan 6 (DATE)	GOAL	Off		Kids soccer (Morn) * Westin scores goal bouncing off his back 1st goal of season! Brennan's cross country (aft) Invitational * Brennan comes from 8th to 3rd in the last half mile. I'm so proud!
	TIME			
	DISTANCE			
	AM PULSE	55		
	WEATHER			
	TEMP			
	TIME	AM/PM		
	TERRAIN			
	WALK BREAK			
Sunday Jan 7 (DATE)	GOAL	18 mi easy! (1)	6 (circled)	It was great to cover 18 miles – wish I had a group longest run in 18 months! but… * went too fast in the first 5 miles * Achilles hurt afterward – take 3 days off * PowerBar + water from 10 mi. kept spirits up
	TIME	2:53		
	DISTANCE	18 mi		
	AM PULSE	52		
	WEATHER	50°		
	TEMP	dry no wind		
	TIME	7 AM/PM (AM circled)		
	TERRAIN	flat		
	WALK BREAK	1 min/mi		

* Pulse is up – I'm not recovering – need more days off/week

人振奋的事儿。不过，看到那些本应去跑步的日子被各种杂事和偷懒占据，同样也是件刺激的事。如果你还没明白该如何做跑步记录，那就在挂历上简单记录吧。

井井有条的跑步日记

当你使用一款专为跑步开发的日记本时，没有必要在上面写得事无巨细。只需要按照要求填写指定内容，你很快就能学会如何进行记录。这样，你就可以在页眉和页脚写下其他在跑步时产生的创意性想法。在琳琅满目的日记本中，选一本适合记录跑步的。我会引用杰夫·盖洛威训练日记（Jeff Galloway Training Journal）中的一页来作为示例。

笔记本

不需要使用商务笔记本，只要有个学校练习本，或是挑选一本与你的生活风格（公文包、钱包等）相配的。在下文中，我会分享一些有益跑者的内容。笔记本无拘无束的特点，适合那些喜欢有时洋洋洒洒写长篇，有时干脆不动笔的跑者。

电脑记录

能够用于记录跑步训练的电脑软件越来越多。我设计训练计划的过程中，也与软件公司（PC Coach）共事过。使用电脑软件记录的一个好处就是便于检索，可以从档案中很方便地提取所需要数据，并进行整理、分析和计划。还有的软件可以管理从心率表以及 GPS 设备上传的数据。

写日记的过程

◆抓住右脑中闪瞬而过的意识

随身带一个记录本，这样就可以在跑步后及时写下自己的想法，你要做的就是趁还没有忘掉，抓紧记下灵感火花。

◆就事论事

最初，尽快写下关键信息，如果遇到需要用心细想的东西，请先忽略；优先完成那些不需要想直接就能下笔的内容。下面是我建议的事项：

◎日期
晨间脉搏
跑步时间
跑步距离
跑步时长
天气
气温
降水量
湿度

◎评价
跑走切换的频率
本次跑步的特点（比如速度，坡度，比赛）
跑步伙伴

地形

主观努力程度（1-10）

◆回顾日记，填写更多内容，包括心情、体能与血糖变化、疼痛部位等，即使疼痛在跑步时消失，依然要进行记录。因为你必须关注伤病风险，血糖变化以及疲劳等问题。

◆额外补充（通常写在页脚处）

关于改进的思考

应该用其他方法完成的事项

有趣的小插曲

趣事

怪事

头脑风暴的闪念想法

是累，还是懒？晨间脉搏自有答案

许多人说太累了，不想跑。但是在与许多这样说的人交流过后，我发现他们不想跑步的根源是懒（多数人都会承认），或低血糖。疲劳的最好测量指标之一就是早晨的静止心率，你可以将这一心率值记录在日记本中。也有人使用图表进行记录，我的日记就是带图表的。

记录晨间心率

◆当你早上睡醒恢复意识，还没有想太多杂事的时候，第一件事就是测量 1 分钟心率，在忘掉之前记下。如果不想把日记本放在床边，那就准备一张纸和一支笔，放在随手可以拿到的位置。

◆如果心率稍有波动，也不必担心。这种波动，可能受你醒来的时间和保持清醒的时长影响。但是，如果能把固定的作息规律坚持数月，心率会趋向平均。因此，请在早上一醒来，还没有听到闹钟或思考工作压力时就进行测量。

◆坚持测量记录 2 周后，你就能估测晨间心率的基准值。在去掉两项最高值后，对剩下的数字求平均值。

◆求出的平均值就是以后的参考标准。如果实测值比这一参考值高 5%，那就休息一天，或是进行更为缓和的运动。当高出 10% 的时候（通常不会高出这么多，除非做了刺激的梦，身患感染性疾病，或是服用某些药物期间），就说明肌肉处于疲劳状态，请放弃这一天的训练。

◆如果晨间脉搏连续一周居高不下，请询问医生，查找原因（比如感染、服药、激素变化、代谢改变等）。

#15

5 公里 /10 公里跑步姿势

我相信跑步是一项基于惯性的简单运动，你需要做的就是保持前进，只需要很少的力量。只要跑上几步，就能找到感觉，后续过程就是如何保持动作跑下去。为了减少疲劳和疼痛，身体会对姿势进行自动微调，让你用最少的体力消耗去保持跑步状态。

在进化过程中，人类产生了众多适应跑步和行走的生物力学机制，使我们可以在这些运动中节约体力。动作效率背后的解剖学起源，可以追溯到数百万年前的腿部与足踝的肌肉与韧带形态。这是一套由杠杆、弹簧、平衡器等众多部件组成的，能够完美配合协调的系统。生物力学专家们相信，如此复杂的结构及其演进，并不只是为了行走。当我们的祖先们为了生存不得不奋力狂奔时，人类运动能力的进化就到了一个全新阶段。

当你找到了正确的跑走平衡后，腿部肌肉只需很少力量，就能驱动身体保持前进。腿部的外形和肌肉耐力都可以得到改善，你可以前进数公里而不会感到疲劳。其他肌肉也会参与到支持调整运动状态的过程中来。疼痛多是由于运动姿势导致的，如果能减少踝关节与跟腱的使用，就能让动作更顺畅、省力、迅速。

更好的跑姿?

每个人都可以找到适合自己的跑步姿势，让双腿更为有力，减少伤痛。真实情况是，多数跑者的姿势都接近于最有效率的状态。不断有研究发现，多数人的最终跑步姿势都离最佳状态相差甚微。我相信这是由于右脑的作用，在不断重复的练习过程中，右脑一直在寻找和改进腿、脚以及全身的最优动作模式。

在我的全日制跑步培训班和周末课程中，我根据每位跑者的个体情况，对他们进行了跑步动作分析。在经过对超过万人的分析后，我发现只有少数人的跑步姿势存在严重问题，多数人的姿势即使会有小错误，但也是非常省力的。通过几项微调，多数跑者都能在每次跑步时感觉更好。

三大元素：姿势、步幅和弹跳

我发现，跑者们的跑步姿势问题集中在三个方面：姿势，步幅和弹跳，并且每个人都先天存在不同的问题。最常见的问题是身体局部力量薄弱。在做具体动作时，薄弱部位会最先感觉疲劳。即使是轻微的迈步过大，在长时间训练后，也会产生疲惫感。当薄弱部位出现局部疲劳时，其他部位的肌肉会来代替疲劳肌肉，承担本不应该由它们承担的功能。

错误动作的三个影响

◆加重疲劳，恢复期延长。

◆肌肉受力过大，容易导致损伤。

◆跑步体验变差，热情消退，产生腻烦。

几乎每个人的姿势都有不完美之处。我不是说每个人都要去追求正确姿势，只是提醒读者注意，当你意识到姿势错误并进行纠正后，可以减少运动损伤，让动作更为舒展流畅，并有望取得更好成绩。这一章会帮助你理解，为什么姿势错误会导致伤痛，以及如何通过改进姿势避免损伤风险。

跑姿自我检查

我对部分学员进行姿态分析时，用数码摄像机拍下他们的动作，然后给予即时反馈。在平路跑步时，请一位朋友从侧面（不是迎面或背后）拍一组照片或视频，并对姿势进行研究。

如果你自始至终都能跑得很放松，那么跑姿基本上是正确的

总体而言，在正确的姿势下，跑步应当是一项轻松的运动。颈部、背部、肩部与腿部都不应当有紧张的感觉。一个解决问题的好办法就是改变跑步姿势，或是腿和脚的落地方式，这样可以让跑步更轻松，减少受伤和疼痛。

姿势

好的跑步姿势，就是好的体态。头部应当保持在双肩上方正中的位置，肩部和背部在一条直线上，在脚落地时，全身应处于协调状态。这样就不需要使用额外的力量去驱动身体前进了。

前倾

绝大部分姿势错误来自于身体过度前倾，尤其是出现疲劳的时候。大脑里想着要尽快跑完，而腿脚已经无力前行。前倾经常加重下背部以及颈部的疲劳、酸痛和紧张。

所有问题从头开始。当头部在双肩上方保持自然平衡时。颈部肌肉处于放松状态。但是，当颈部肌肉紧张，或出现酸痛时，头部就会过度前倾。这会导致整个上体失去平衡，头部和胸部超过了臀部和腿脚。问问身边的跑伴，自己何时会出现头部过度前倾或后仰的问题。头部的理想位置就是保持自然抬头状态，眼睛直视前方 25-35 米距离的地面。

下蹲

当臀部和躯干不能处于同一直线时，从侧面观察就会呈现类似“下蹲”的姿态。当骨盆向后移动时，就会发生这种错误动作。在这一情形下，腿部无法达到自然运动状态的最大范围，导致步幅过短，在任何速度下跑步时都需要花更多的力气。当臀部向下“坐”的时候，许多人都会出现脚落地动作过重的问题。

少见的后仰姿势

跑者很少出现后仰姿势。但是这种错误动作确实存在。根据我的执教经历，过度后仰经常伴随脊椎和臀部的问题。如果你属于过度后仰，同时又没有颈部、背部和臀部的问题，那就该去向足踝科的医生求助了。

改正：“提线木偶”

据我所知，解决跑姿问题的最佳方法就是精神想象：把自己想成一个提线木偶。

在头部和双肩分别有一根从正上方垂下来的线，向正上方牵引这三个位置。这样，就可以保持臀部与躯干在一条直线上，并且让落地动作尽量轻盈。每个人在比赛中都可以这样幻想几次。

从走过渡到跑的过程中，在进行幻想的同时，结合 4-5 分钟的缓慢肺部深呼吸，然后抬头挺胸，再默念“我是木偶”之类的台词，可以帮助改善跑姿。在进行想象的过程中，不需要耗费体力，就能挺直身体，因为你会“感觉”头顶上有三股线向上拽着自己。不断进行这种练习，你就可以逐渐养成正确的姿势，并将其固化为习惯。

保持抬头挺胸，不但能帮助你放松身体，还可以增加步幅。而当身体过度前倾时，你必须通过缩小步幅，才能保持平衡。而抬头挺胸，就可以在不额外耗费体能的前提下，将步幅扩大 2.5 厘米左右。

注意：

不要尝试增加步幅，如果姿势改进了，增大步幅是自然而然的事。

改善呼吸

抬头挺胸可以改进呼吸。身体过度前倾就无法有效利用肺的下半部，而且会导致岔气。当挺胸时，整个肺部都可以充满空气，从而更好地吸收氧气，减少岔气。

脚贴紧地面

最有效的迈步方式就是脚紧挨着地，抬脚的高度只要不磕碰到障碍物即可。请谨记脚贴地的要领，多数跑者抬脚的高度不必超过 1 英寸（大约 2.5 厘米）。

每迈出一步，你的脚踝和跟腱就会作为弹簧带动身体前进。如果脚紧挨着地，就可以节省上下方向运动的体力，并且让跑步成为自动前进的运动方式。当出现上下弹跳的错误动作时，就会在垂直方向过度用力，浪费掉本来可以推动身体水平前进的体能。

弹跳还会受到来自重力的反作用。跳得越高，落地时腿和脚受到的冲击就越大，这会增加长距离跑中累积劳损的风险。

纠正弹跳错误

落地轻盈

最理想的落地动作，是让你几乎感觉不到脚部受到冲击。这意味着脚贴近地面，采用自然而高效的动作前进。你要学会顺应重力，而不是去克服它。

下面是敏捷性练习。在跑步中，进行 20 秒计时，注意让脚轻轻落地，尽量听不见脚步声。在练习时不要戴耳机。想象你在一片薄冰，或是一片炭火上跑过。做几组这样的 20 秒练习，动作越轻盈越好。

步幅

研究表明，随着跑步速度加快，步幅会逐渐缩短。这清楚地表明，跑快的关键是增加步频，而不是增加步幅。步幅太大也是导致伤痛的重要成因。在本章末尾，你会看到“常见伤病与预防措施”的简表。当担心受伤时，最稳妥的办法还是缩短步幅。

不要提膝

世界级的长距离跑者也不会这么做。因为即使是轻微提高膝盖，也有可能导致股四头肌（大腿前侧的肌肉）过度疲劳。而且提膝过度还会导致步长过大，运动效率下降。如果你在长距离跑步或比赛时感觉股四头肌酸痛，那么有可能是在最后 1 公里时出现了过度提膝的错误动作。

不要迈大步

按照自然步态跑步时，脚向前迈出的幅度是有限的，并且随后要完成触地的动作。这一动作不会对大腿前侧与后侧的肌肉造成压力，同时，轻微屈膝能够缓冲落地时对身体的冲击。

如果大腿前侧、膝盖后侧的肌肉，或是腘绳肌（大腿后侧肌肉）紧张，就表明你的腿向前迈出幅度过大。保持脚紧贴着地面运动，缩短步长以及轻盈落地，都可以纠正迈大步的错误动作。

跑坡姿势

◎采用舒适的小步前进。

◎在上坡时缩短步长。

◎双脚落地要轻盈。

◎保持身体与水平方向垂直（挺胸抬头，不要前倾后仰）。

◎加快步频，直到越过坡顶。

◎不断调整步长，保证双腿肌肉不会疲劳，让肌肉更为耐久。

◎到达坡顶后放松，然后跑下坡或走下坡。

跑坡强化小腿，改进跑姿

在跑上坡时，坡度和加快步频都会锻炼双腿，提高力量。通过下坡时的步行休息，以及跑坡次日的放松，肌肉会变得更加结实。经过数月的练习后，更为强壮的双腿会让你有能力跑得更远。同时，踝关节以及跟腱活动范围扩大，能在不增加体能消耗的前提下增加步幅。不必进行额外训练就能提高速度，还有什么理由可以拒绝呢？

在比赛时提高跑坡速度

当你跑上坡的姿势改进后，通过加快步频就可以提高跑坡练习的速度，从而为比赛中的跑坡做好准备。也许你在比赛和训练时的速度会有差别，但是经过跑坡训练后，你可以用更快的速度跑过同样的斜坡。

在比赛时的跑坡技术如前所述，在上坡时减小步幅、控制呼吸，不要超过跑平路时的呼吸频率。当跑者们提高比赛中的跑坡能力时，他们会发现，小步高频的跑法，能够减少体力消耗、提高速度，同时不会让呼吸更急促。

注意：

在长距离跑和轻松跑的日子里，遇到斜坡只需慢跑上去即可，不要尝试快跑。如果上坡时呼吸加速，请缩小步幅，直到呼吸恢复至与跑平路相同的水平。

下坡姿势

◎轻盈落地。

◎控制步幅，不要出现步幅过大的错误。

◎不要抬脚过高。

◎下降时顺应重力。

◎加快步频。

◎动作敏捷，顺势而下。

◎当使用上述技术时，无须使用股四头肌（大腿前侧）。

最大的错误：步幅过长、过度弹跳

即使是步幅增加 3 或 5 厘米，下坡时的速度也会失控。如果向上弹跳的高度高于 3 或 5 厘米，就会让双脚承受过度冲击，并且需要借助股四头肌来减速（导致酸痛），步幅过大还会导致腘绳肌酸疼。最直接的预警信号就是腘绳肌（大腿后侧的大片肌肉）紧张。

#16

走路姿势以及“轻步高频”

多数人在通常的走路姿势下就能走得轻松舒适。不过，每年依然有人因为健走锻炼而受伤——他们的行走动作对腿或脚产生了太多的负担。主要原因是他们尝试走得太快、步幅太大；或者是错误地使用了竞走或快速徒步动作技术（我不推荐这类动作）。

◆避免步幅过大，不让膝关节、腿、脚等部位的肌肉和韧带长时间紧张。保持舒适的行走姿势。如果感到身体局部酸疼，请缩短步幅。许多人发现，即使采用小步快走，速度依然可以很快。当担心受伤时，请放慢速度，让身体放松。

◆不要过度摆臂，最低限度的摆臂就是最优摆臂动作。摆臂幅度过大容易导致步幅过大，甚至引起伤痛。膝关节与髋关节的过度动作，都会导致恢复期延长，甚至伤病风险。在行走时，腿部应该形成有节奏的、舒适的行走速度，在这个速度水平上，大脑会产生放松的感觉。

◆让双脚自然运动。为了扩大步幅，当尝试使用脚后跟后端落地，或是脚趾发力蹬地等违背自然动作的姿势时，许多人都会受伤。因此我不建议去练习竞走或是快速徒步。

◆徒步杖。许多长距离健走者喜欢使用这种源自欧洲滑雪的装备，让手和胳膊也别闲着。这种滑雪杖的改型装备，具有可以牢固抓握的手柄。在崎岖不平的路面上，登山杖可以用来帮助保持平衡。即使是在平坦地面上，徒步杖也可用作对付恶犬的自卫武器。但是，在一般的路跑比赛中，请不要使用徒步杖，以免绊倒身边的人。

“轻步高频”可以缓解疲劳和酸疼

“轻步高频”就是只移动腿和脚，让其他肌肉休息。在多数时候，如果感觉舒适，不喘大气，在行走 10 分钟后没有疼痛感觉，就说明你已经掌握了要领，控制了运动状态，能决定走多远，走多快。如果你在长距离健走中加入“轻步高频”的运动方式，就可以控制疲劳和伤痛。

什么是“轻步高频”？

脚紧贴地面，用小步幅快速前进，你可以在不耗费更多体力的情况下保持前行。如果你在健走锻炼中，每隔 2-4 分钟插入 30 秒至 1 分钟的轻步高频走路法，就可以让行走时使用的主要肌肉获得休息放松，降低劳损受伤的风险。

在感到疲倦前转换成“轻步高频”

多数人，即使没有经过训练，也可以在疲劳到来前连续行走数公里，因为维持数小时的行走是我们的基本技能。但是，有些刚接触健走运动的人还是会失望，因为他们在第一次和第二次练习时走的距离并不像他们预料的那么长，更别说多走两三公里了。随着行走里程的增加，他们的体能会逐步改善，更能抗御疲劳。即使疲劳发生，也会在一两天后恢复如常。

即使用舒适的速度长途步行，重复的动作也会给肌肉和肌腱带来负担，并影响到身体的薄弱部位。如果你在疲劳来临前就用“轻步高频”的方法调节，很快就可以恢复体力。这样还可以增加对练习的适应性，减少次日的肢体酸痛。

控制节奏的策略

“轻步高频”的策略，与其作为疲劳时的应急办法，不如在锻炼开始时就主动应用。采取保守的走 / 轻步高频交替策略，你可以控制疲劳和伤痛。如果及时采用这一防止疲劳的手段，你就能更有效地保持肌体力量和精力集中。即使你不需要靠这种方法来维持体力和毅力，你也可以从中改善锻炼体验，完成更长的距离，以及加快恢复。

轻步高频能让你享受每一次健走锻炼。如果能够在锻炼中及时采用这一方法，可以维持体力，走完更长的距离，结束后也不会感觉太过疲劳。

轻盈碎步

在快速行走时，你的腿和脚动作幅度都不大，肌肉和骨骼可以从惯常的行走姿势中得到恢复。只要做到脚贴着地面，小步高频移动即可。

不要取消“轻步高频”

有的初跑者的目标是——总有一天，要一步不歇地跑完比赛。对时间的要求因人而异，但是让所有的人都一步不歇，是没有道理的。请记住你习惯的走 / 轻步高频策略，我的建议是根据锻炼时的状态决定当天的交替策略。

即使那些最有经验的健走者，也会有在连续重复动作后容易产生劳损的薄弱部位，轻步高频可以降低甚至消除这些部位的损伤风险。

如何记录“轻步高频”的时长

许多手表都可以设置闹钟，来提醒开始行走和结束行走的时间。

请查阅笔者的网站（www.jeffgalloway.com）或去跑步用品商店询问。

如何使用快走休息

◆初级者按正常习惯行走 2 分钟，然后轻步快走 30 秒。如果感觉在这一比例下能够舒适地走完剩下的路程，请保持这一比例；否则请进行调整。

◆快速行走可以更轻松地完成热身，在最初的 10 分钟里，如果感到腿部肌肉紧张或酸疼，请按照惯常节奏每走 1 分钟后快速行走 20-30 秒。当腿部感觉放松后，如有需要，可以减少快走的比例。

◆对持续时长 45 分钟以上的行走，即使是那些有经验的健走者，也觉得每走 4 分钟后快走 30 秒可以恢复体力，预防伤痛。

◆如果在某天需要多次进行快走，只管去做。把“走”变成一项有趣和可持续的健身方式，是多么有趣的事情，因此请不要心存恐惧。

#17

减肥燃脂：减少冲击、提高速度、加快恢复

身体脂肪减少后，你可以获得更好的体验，并且跑 / 走得更快。为了跑 5 公里或 10 公里进行的平时训练可以燃烧脂肪，但是你要保证在长距离跑（或速度练习）后获得了足够的休息。本章的内容是在坚持训练和达到目标的同时，进行减肥燃脂，但是，绝不要尝试一次性地大量减肥。

每天不少于 10000 步

计步器可以帮助你燃烧脂肪。它可以给你每天多走路的动力，同时让你观察到燃烧脂肪的努力。一旦你决定每天走不少于一万步，你就会发现自己不像原来那样总是黏在椅子上了，停车后步行的距离会延长，有更多的时间绕着游乐场或训练场散步，等等。

减掉 15–35 公斤脂肪

只要你按照下面的方法做，就可以每天利用不同的场合和活动去减脂。这些都是不会导致疲劳和伤痛的简单动作，并且真的可以达到预期的效果。

每年减重公斤数	活动
0.5-0.9	把乘电梯改为爬楼梯
4.5-14	跑步下楼
2.3-4.5	从沙发上站起，在家里步行（但是别吃薯条）
0.5-0.9	选择距离超市和购物中心较远的停车场
0.5-1.4	选择距离办公室较远的停车场
0.9-1.8	在孩子玩耍的操场散步，陪孩子玩耍
0.9-1.8	在等航班或火车时，在台阶处反复走动
1.4-4	每天遛狗
0.9-1.8	每天晚饭后散步
0.9-1.8	每天午饭后在工作间散步
0.9-1.8	在商场或超市里多转一圈，寻找最值得买的东西
每年合计减重公斤数：15-35 公斤	

可以计算热量与营养平衡的网站

我能找到的最好的管理饮食的工具，就是专门的网站和程序。许多网站和程序都有记录分析饮食成分的功能（摄取 vs 消耗），多数网站和程序都会要求你填写进食与运动。在一天结束时，你可以得到热量与营养的计算指标。如果某天的饮食中缺少某种矿物质、维生素或蛋白质等营养，就可以在第二天进行补充。请参见 www.jeffgalloway.com 来查找这类网站，在确定使用某一家的产品前，可以进行广泛对比。

每隔 2 小时吃东西 = 每年减 3.6–4.5 公斤

如果你连续 3 小时不吃东西，身体就会感知饥饿，减缓代谢，并激活增加脂肪储备的酶。这就意味着消耗脂肪的速率下降，虽然你在身心感受上可能不易察觉，但是下一顿饮食中被身体加工成脂肪的比例会增加。

如果 3 小时不吃东西就会感到饥饿，那么可以每隔 2 小时就吃点东西。这样可以燃烧更多脂肪。一个每天吃 2-3 顿饭的人，如果把同样多的食物分解到每天 8-10 顿吃完，一年中体重可以减轻 3.6-4.5 公斤。

吃得勤，有动力

据我所知，人精神低迷的原因是吃得不够，尤其是在下午。如果你一连 4 个小时不吃东西，并且还计划在下午锻炼，就不会感到特别有精神。因为此时血糖低，代谢慢。

即使你一整天食欲不振，如果能吃一顿合胃口的零食（比如能量食品，咖啡，茶，甚至无糖饮料）都可以让情况迅速好转。不过，如果你每隔 2-3 小时就吃些东西，一般也不会出现这种情况。

少食多餐的饱腹感——避免暴食

如果你增加日常食物的种类，采用少食多餐的策略，可以在降低总热量摄入的同时，维持更长时间的饱腹感。你要做的只是找到能够让自己维持 2-3 小时饱腹感的食物组合；然后再换一种具有同样效果的食物组合。这样，你就会逐渐发现既不会在两餐之间挨饿，又可以控制摄入的热量。

脂肪 + 蛋白质 + 复合碳水化合物 = 饱腹感

吃富含这三类物质的零食，可以延长饱腹感，即使是采用少食多餐的吃法。消化这三类食物通常需要较长的时间，并且能保证较高的代谢率。

三类营养物质的推荐比例

这个问题可谓仁者见仁，智者见智。即使是我采访过的那些顶级营养专家们，答案也有所差别。下面是按照每日摄入热量计算的三种营养物质的比例：

◎蛋白质 20% -30%

◎脂肪 15% -25%

◎碳水化合物 45%-65%

血糖水平（BSL）决定了感觉好坏

当血糖水平正常且稳定时，你会感到无论做什么事都精力旺盛。不过，如果食物中的糖分太多，会导致高血糖。开始你会感觉良好，但是多余的糖分会激活胰岛素释放，这会引起低血糖，让血糖下降到令人不适的水平。此时，你会感到周身无力，精神涣散、意志消沉。

通过在一天中调节血糖，你能够提高锻炼以及日常活动时的状态。这可以产生良好的精神情绪，更好地应对压力和解决困难。有规律地少食多餐可以稳定血糖，改善身心感觉。

我在跑步前必须吃东西吗？

只有你的血糖偏低（或是有糖尿病）时，才需要在跑前吃些东西。多数人在早上短时间跑步 / 健走锻炼，没有必要提前吃东西。如前所述，如果你在午后血糖偏低，又要进行跑步训练，那么在跑前半小时吃些零食即可，比如吃些甜点、喝杯咖啡、补充能量食品。如果你认为早上锻炼前有必要吃点东西，那就吃合胃口的，并且不要吃得太撑。

当血糖较低时，跑步前补充能量的最好办法就是吃些东西，尽量保证饮食中含有 80% 的热量来自简单碳水化合物、20% 的蛋白质。这种饮食结构可以促进跑步前的胰岛素分泌，把糖原输送到肌肉中作为储备能量。

#18

实用饮食建议

◎除非血糖偏低（见前文），或是有固定习惯，在锻炼前没有必要进食。

◎在锻炼前 30 分钟吃东西效果最好（80% 碳水化合物和 20% 蛋白质）。

◎在比赛前，短时间内吃喝太多，胃内过多食物有可能影响肺部充分呼吸、胸廓活动，并导致胃肠不适。

◎如果担心练习结束时出现低血糖症状，请随身携带提高血糖的食物（见前一章）。

◎绝不暴饮暴食。“补充碳水化合物”只是在比赛前一天晚上大吃大喝的借口罢了。大赛之前吃大餐很有可能导致肠胃问题，你会感觉腹部因食物过多而坠胀颠簸，甚至会在比赛时出洋相或影响比赛结果。

训练时的饮食

只要运动时长在 90 分钟以内，多数时候没有必要为吃东西担心。在众多选择中，你可以只在运动开始前 30-40 分钟时吃一些能够提升血糖的食物。糖尿病患者需要少食多餐，但要因个人情况而定。

小包装的黏稠流体状能量胶产品，可以用来补充体能，可以很方便地随身携带 1-3 支。每隔 10-15 分钟，就着水吃一支。

能量条

切成8-10块，每隔 10-15 分钟就着水吃 1-2 块。

糖块

建议选择软糖或水果硬糖。每隔 10 分钟吃 1-3 块。

运动饮料

我见过太多在训练中因为喝运动饮料导致反胃的人，推荐短途训练和比赛时选择喝水。如果你觉得自己习惯了在长跑时饮用某种运动饮料，那么只管去喝。

训练后 30 分钟的营养补充很重要

当你完成一次挑战自己体能的锻炼后，吃点有助于恢复的食品可以让你尽快恢复体能。80% 淀粉与 20% 蛋白质的原则在此时同样适用，这是让肌体功能尽快恢复的最有效营养方案。

最重要的补充——水

不论你喝的是水、果汁还是其他液体，都要坚持每天按规律饮用。在正常情况下，你的口渴程度是补充水分的重要参考标准。当年过 40 后，身体逐渐衰老、功能下降。不过，一天喝 8 杯（1900 毫升）水依然适用于绝大多数人。

如果在运动中需要如厕，那就说明在运动前和运动中喝水太多了。在时长不超过 60 分钟的锻炼中，多数人不需要喝水。在运动前喝的水足以满足运动时的需要，多余的水已经变成尿液流失。到底适不适合带着水跑步？人各有异，你要依据自己的体验去拿主意。在比赛前，请先评估自己对口渴的耐受能力。

在持续时间超过 4 小时的户外运动中，医学专家建议，每小时喝不多于 800 毫升的液体。但是，事实上多数人远远喝不到这个量。

出汗和电解质

电解质是盐中的钠钾镁钙等离子，当你在运动中出汗时，电解质就会随着汗水流失。当体内的电解质过度下降，体内的水分输送系统就不能像原来那样正常运转，会出现体热积蓄和肢体肿胀等表现。多数跑者可以通过饮食来恢复身体的电解质平衡，但是，如果你在训练中或训练后经历抽筋等情形，原因也许是钠与钾离子随着出汗过度流失。当出汗较多时，可以依靠补充运动饮料恢复电解质平衡。如果你有高血压或其他的血液方面问题，请咨询医生。

跑/走中的饮食安排

晨跑前1小时：喝1杯咖啡或水。

提示：

我总是携带浓缩咖啡，这样就可以随时找杯子冲调了。在运动前1小时喝杯咖啡，可以释放咖啡因，提振运动时的兴奋度与耐力。

◎运动前30分钟（如果血糖低），吃些易消化零食，补充100卡路里的热量。

◎跑步后30分钟：从80%碳水化合物和20%蛋白质的食物中，补充200卡路里的热量。

◎如果在热天运动时出汗较多，在当天不跑步时，请酌量补充含有电解质的运动饮料。

合理进餐

早饭选项

◎全麦面包，搭配法式烤肠以及水果酸奶，常温或冰冻果汁。

◎全麦烤饼，搭配水果和酸奶。

◎冲调谷物，搭配脱脂奶、脱脂酸奶，以及水果。

◎植物纤维类食品、水果、果汁与酸奶等。

午饭选项

◎金枪鱼三明治、全麦面包、低脂蛋黄酱、卷心菜色拉（使用低脂调料）。

◎火鸡胸三明治、沙拉、低脂奶酪、芹菜和胡萝卜。

◎蔬菜汉堡、全麦面包、低脂蛋黄酱、沙拉。

◎菠菜沙拉、花生、葵花籽、杏仁、低脂奶酪、全麦卷或小面包块，使用低脂调料。

晚餐选项

这里只列出食材方案，具体口味请参照食谱加工。

◎鱼或瘦鸡胸肉、豆腐（或其他蛋白质来源）、全谷物披萨以及蒸煮蔬菜。

◎米饭搭配蔬菜以及蛋白质来源。

◎沙拉搭配蔬菜、坚果、精致奶酪、火鸡、鱼或鸡肉。

对此，我推荐Nancy Clark系列饮食营养书籍。

#19

保持动力

◎坚持是提高体能的关键。

◎动力是能够坚持的最主要原因。

◎你可以每天保持运动的动力。

◎一切取决于自己。你可以控制自己的情绪，也可以放任外界因素左右自己的感受：今天斗志昂扬，或明天无精打采。在某一天充满斗志，就像是随口说出几个常用词，或是出门那么简单，但是，保持动力却需要通过训练计划来实现。为了理解这一过程，就必须先挖掘思想动因。

左右脑的断路

人脑分为左右两半球，彼此独立，没有关联。负责“逻辑”的左脑处理日常事务，让我们接近快乐，远离不适。右脑负责创造性思考以及情感，能够思考出无穷无尽的解决问题方案，并能激发出隐藏的力量。

压力为左脑带来不利影响。随着各种压力的积累，左脑会发出一系列的逻辑信息，比如“慢下来”、“停下感觉会好一些”、“今天不在状态”，甚至“你为什么这样做”之类的精神暗示。但是，我们都能克服左脑的消极暗示，保持斗志。

通过心智训练实现控制。因此，应对左脑消极暗示的最好方法就是拥有强大的意志力和缜密的判断力，只有在确实面临健康和安全问题时（极个别情形），才会考虑退出。通

过一系列心智训练，你可以管理左脑的情绪。这些练习可以让右脑处理你面临的问题，当左脑释放出消极信息时，右脑可以置之不理。使用下面的方法，你可以更好地应对挑战，让自己更有效地处理问题，变得更为坚强。更重要的是，你能学会 3 种通向成功的方法。

魔术词语

即使是动机最强烈的人，也会在面临困难时考虑退却。通过一些“洗脑”的方法，你可以战胜负面思想，并保持自信。你不但达到了目的，而且在达到目的的过程中还克服了困难。

我们每个人都会遇到各种问题。请回忆自己在面临困难时考虑退却，但是最终又战胜困难获得成功的例子。

放松……蓄力……加速

在真正艰难的比赛中，我遇到过 3 种反复出现的情况：①在疲劳时感到紧张，担心迟早会陷入苦苦挣扎。②感觉筋疲力尽、斗志消失，担心迟早会耗尽体力。③姿势开始走样，担心疲劳的进一步积累会损伤肌肉和肌腱，并且姿势走样又会加重疲劳。

在过去的 30 年里，我学会了用 3 个“魔术词语”来应对这 3 种情形：“放松……蓄力……加速”。每次想到这 3 个词，都能起到作用。我曾经数百次遇到过上述三种情形之一的“顶不住”，不过神奇的是，我最后都成功地克服了困难。每次坚持到最后，我都把战胜逆境与这三个词联系起来，这也使这三个词的魔力不断增加。

直到现在，每次遇到困难，我还是会不断地想起这 3 个词。我不是变得焦虑，而是更为冷静。我现在跑 5 公里的速度已经远远不如第一次跑的时候，不过，仅仅想到可以借鉴过去的经验，就依然让我充满力量。当我感觉双腿不能保持有效率的运动状态时，我会进行调整，然后继续前进。只要跑完，就是成功。在绝大多数场合，只要不放弃，坚持迈出每一步，就一定能战胜困难。只要能克服左脑的消极思想，就一定能树立起“下次做得更好”的信心。参考我的魔术词语，来构思你的专属词语吧。

练习自娱自乐

反复训练能够让你保持专注、稳步提高，减轻比赛最初几公里中的精神压力；魔术词语能够帮助你度过最困难的时刻。在面对艰苦情形时，在左脑进行自娱自乐也能有所帮助。

所谓的自娱自乐，就是让左脑暂时摆脱负面想法，例如“再坚持跑半公里”等等。自娱自乐的想法可以天马行空，并不一定非得是理性的。但是，当你用一个好玩的点子压制左脑的消极想法时，就有了继续坚持跑一段的可能。

无形大套绳

当我在长跑中疲劳时，我会幻想出一件秘密武器：无形大套绳。我把它扔向在我前方的某人并套住他，让他带着我前进，被“套”住的人却对此一无所知。每次想起，我都会忍不住暗自发笑，笑话自己竟然会相信这么荒谬的场景。好笑的事情可以激活右脑的创意思考，进而产生更多有意思的想法。如果经常为之，效果更为明显。

右脑有无数种自娱自乐的点子。一旦激活，就有可能产生出对当前困难的解决方案。在跑步时，这可以让你坚持多跑 365-730 米。

#20

5 公里 /10 公里交叉训练

我的跑走结合方法，已经帮助数以万计的初级跑者避免了伤病，在跑步中获得了快乐和身心健康。那些享受无伤奔跑的初级跑者，他们甚至会以为自己与运动损伤绝缘。这种想法是错误的。事实上，许多跑者是通过隔天进行交叉训练，而不是连续跑两三天来避免运动损伤的。

交叉训练活动

最基本的安排是，跑一天，然后在次日做交叉训练。交叉训练的含义就是跑步以外的运动。你的目标就是找一项或几项能够与跑步同样带来对身体刺激，但是不同于跑步的运动形式作为交叉训练，并且这些运动不会使小腿肌群、跟腱和脚踝等跑步使用的部位处于持续疲劳状态。

这些跑步以外的运动，带来的感受也许不同于跑步，也许与跑步类似。许多跑者说他们每次进行交叉训练时都会进行 3-4 种不同运动。不过，即使这些运动的感受与跑步存在差别，你也从中获得了身心放松，并且同样可以燃烧脂肪和热量。

当开始进行运动（或者从休息期恢复）时，你应当：

◎按照轻松强度，每项运动进行 5 分钟，然后休息 20 分钟或更久，再按照轻松强度做 5 分钟。

◎在使用不同肌肉的前提下，每次交叉训练可以尝试 3-5 种不同的运动。

◎在运动结束后休息一天（或在第二天尝试不同的运动）。

◎每次练习时，把时间延长 2-3 分钟，直到达到自己期望的时间长度。

◎当你能够把一项练习连续进行两组，并且每组时长保持在 15 分钟时，你就可以把这两组同样的练习合并为一组，用 22-25 分钟去完成，然后每次训练时再额外延长 2-3 分钟。

◎在长距离跑的前一天，最好不要从事任何运动。

◎为了保持身体对每项运动的适应，每周至少做一次这项运动，且每次时长不低于 10 分钟。

◎交叉练习的最大强度因人而异。只要你感到精力体力良好，并且不影响跑步，进行交叉训练的时长就不是问题。

通过水中跑步改进动作

每个人都会有影响跑步效率的小动作，水的阻力能够迫使双腿找到更有效率的前进方式。一些腿部肌肉也会变得更为结实，让你在疲劳时依然有力气前进。

如何做

进行这项练习时，你需要一根水中漂浮带，以免沉到水底。请把它与身体紧密固定。此外，还可以通过救生背心等方法保持漂浮。

来到泳池的深水区，用跑步姿势迈动双腿，注意不要提膝过高，一条腿向前迈出步子可以稍稍加大，来带动另一条腿。如果感觉不费力，也许是膝盖抬得太高，或步幅太小。为了达到练习效果，需要增加步长。如果进行水中跑训练，至少要保持每周一次，来使身体保持适应。如果错过了某次训练，下次练习的时长就应当比前一次减少几分钟。例如，如果连续缺练 3 周，接下来的两次训练时长，应当比停止训练前的那次缩短 5-8 分钟。

燃脂和综合体能练习

滑雪机

这种机器能够模拟越野滑雪时的动作。这是一项效果较好的燃脂交叉训练，你需要调动大量的肌肉，体温也会升高。即使你用较慢的速度练习，通过逐渐增加时长，也能达到燃脂区间（持续 45 分钟）。只要不过于追求练习时间和强度，就不会对腿和脚形成冲击；

因此第二天还可以像平时一样跑步。

划船器

划船器有数个品种，有的会锻炼双腿，对跑者来说强度也过大；但是多数划船器能够练习全身肌肉群。与滑雪机类似，当习惯了练习方法后，在划船器上也可以几乎不限时间地训练。划船器练习可以锻炼许多部位的肌肉，升高体温，练习时长可以是 45 分钟到 1 小时之内。堪称燃脂利器。

骑车

与室外自行车相比，自行车模拟器能够更好地燃烧脂肪，因为它能让你的体温升高更多。无论模拟器还是室外自行车，锻炼的肌肉主要是大腿前方的股四头肌。与前两种练习方式相比，锻炼的部位比较有限。

别忘了步行

一天中的任何时间都可以步行，因此也可以消耗大量脂肪。因为 1 公里接着 1 公里地行走是如此简单，尤其是积少成多后，步行运动量更为可观。连同在跑步机上健走锻炼在内，步行是一种非常好的交叉训练方式。

上体的交叉训练

举重练习

举重练习不能燃烧脂肪，也无法对跑步产生“直接贡献”，因此可以在不跑步的日子，或是在跑步结束后进行。它的作用是发展上半身的力量。如果感兴趣，可以找一个教练来指导如何增加肌肉力量。如前所言，对初级跑者来说，不推荐针对腿部的力量专项练习。

游泳

游泳不是燃脂运动，但却可以加强上肢的力量，同时改善心肺功能和耐力。不论当天是否跑步，都可以练习游泳。

在不跑步的日子里，请不要做以下练习：

这些练习会让跑步时使用的肌肉处于疲劳，减缓恢复。如果你确实想做这些练习，请安排在跑步训练日，并且在跑步后进行。

◎台阶模拟器。

◎有氧踏板操。

◎腿部力量练习。

◎快速徒步——特别是山地徒步。

◎身体悬空的课程（动感单车）。

#21

天气问题

在一些雨雪或严寒的日子里，我依然在早上坚持出门跑步——这时一定有人会偷懒。现在，我们从头到脚都有了能够应付恶劣天气的运动装备。技术进步战胜了许多由于天气导致的不运动借口。不过，跑者们在寻找新借口方面也很与时俱进。每年，我依然会发现许多人以天气恶劣作为不运动的理由。事实上，即使你没有应对恶劣天气的特殊运动装备，依然可以在室内，在跑步机上，或是在健身房运动，甚至哪怕是在商场里走走。

数年前，我参加过阿拉斯加州费尔班克斯（Fairbanks Alaska）的一场比赛，我问当地跑步俱乐部的人，当地的跑者中，谁最不怕冷？他回答是一个在零下 54 摄氏度中跑步的人（无风条件下的湿球温度）。他说，也许体感温度没有那么冷。现在运动品牌的设计师都把跑者抵御严寒的需求考虑在内，研发并生产适合寒冷天气使用的跑步装备。不过，我承认，如果真的这么冷，我不会去室外跑，宁愿坐在温暖的炉火旁边整理跑鞋。

炎热天气

我听到过关于空调功能服饰的传闻，但是还没有看到有品牌把它变为现实。也许我冒着 37 摄氏度的高温，参加佛罗里达州某地的马拉松时，会从第十公里开始试试这种新鲜玩意儿。在过去几十年里，我在佛罗里达州、乔治亚州、夏威夷，甚至菲律宾等炎热地区都跑过马拉松，但是还没发现服装能够帮助降低体温的。你最多能指望的就是控制体温上升过快。如果能凉快一点，就可以感觉更舒适。

当你在温度较高时连续锻炼（气温高于 19 摄氏度），或是温度适中（14 摄氏度）但湿度较大（50% 以上），核心体温就会上升。许多初级跑者的身体内部温度甚至会上升超过 12 度。这会导致血液流向毛细血管，帮助身体冷却。不过，这一生理过程同时会减少向运动中的肢体供血，这就意味着运动中的供氧能力和代谢废物运输能力的下降。

因此，坏消息是，如果天气炎热，你可能会跑得更慢。如果身体蓄热过快，在高温中暴露过久，或者跑得太快，也许就会导致中暑等急症。请务必阅读本章节最后的医学内容。好消息是，你可以适应一定范围内的温度变化，并且可以通过了解温度变化，学到不同温度下的穿衣窍门和防暑知识。下面还会有更多的技巧，请继续阅读。

跑过暑热

◆在日出之前跑。如果能早起在气温升高前跑步，就不用顶着烈日苦苦支撑了。在潮热地区更是如此。清晨通常是一天之中气温最低的时刻。如果没有烈日的炙烤，多数人是可以逐渐适应高温的；不管怎样，至少可以增加跑步的乐趣。

注意：
当心安全问题。

◆如果要在日出以后跑，请选择有阴凉遮盖的区域，不论湿度高低，阴凉能够让你感觉明显凉爽。

◆湿度低的地区，夜跑往往更凉快；但是在湿度高的地区或许就不一样了。

◆做好室内跑步的准备。你可以在室内边吹空调边在跑步机上训练。如果在跑步机上跑够了，就去室外跑一会儿，然后回到跑步机上继续。

◆不要戴帽子。大部分散热是通过头部进行的。如果头部散热受阻，身体的蓄热就会加快。

◆穿速干面料的轻质服饰，但是不要穿棉质服饰。速干运动服可以使汗水快速蒸发，让你感觉稍微凉爽。棉质服饰容易吸汗，但是不容易干燥，这就使得重量增加，并且感觉更为湿热。

◆往头上浇水。蒸发不仅能够带走热量，还能让你感觉清凉。如果你可以随身携带冰水并且定时往头上泼点，一定爽极了。

◆拆分锻炼。在炎炎夏日， 你可以把平时每次时长 30 分钟的跑步，拆分成早、午、晚 3

段每段时长为 10 分钟的跑步。不过，跑 / 走交替练习，还是应当一次性完成的。

◆游泳或是洗冷水澡。在跑步时，如果能在冷水里待上 2-4 分钟，那就太好了。在炎热地区的许多跑者围绕灌溉中的绿地跑步，好让水龙头浇水降温。水池可以有效地应对体温上升。我曾在佛罗里达 35 摄氏度的高温下围着水池跑步，在每圈长度为 2.7 公里的路线上跑 3 圈，凑够 8 公里。在每跑一圈后，我就在水池里泡上 2-3 分钟，然后再跑下一圈。每跑完一圈，我才会再次感到暑热。

◆防晒霜。一定要好好保护自己。有的防晒霜会糊在皮肤上，阻碍出汗，甚至影响散热。如果你只在太阳底下呆 10-30 分钟，那么也许不需要通过涂防晒霜来防止皮肤癌风险。请向皮肤科医生请教，选择不堵塞毛孔的防晒霜。

◆当不跑步而又天气炎热时，每隔两小时或者口渴的时候，喝至少 170-220 毫升的水或运动饮料。

◆参考本章后附的“穿衣温度表”。应穿着宽松的速干服饰。棉质服装吸汗后会粘在皮肤上，阻碍汗水排出。

◆如果你非要在热天进行室外跑步，请把你的鞋子放在空调前方。

高温导致速度下降

外部温度超过 12.7 摄氏度后，身体就会积蓄热量。超过 14 摄氏度后，就会对多数人的跑步速度造成影响。如果提前进行调整，是可以避免难受和速度下降的。下面是温度高于 60 华氏度（或 14 摄氏度）时，如何调整跑步的技巧。

温度	调整
14-17℃	比在 14℃跑步时的速度每公里慢 20 秒
18-19℃	比在 14℃跑步时的速度每公里慢 40 秒
19-22℃	比在 14℃跑步时的速度每公里慢 1 分钟
23-25℃	比在 14℃跑步时的速度每公里慢 1 分 20 秒
25℃以上	室外锻炼时请注意防暑或者进行室内锻炼

注意：

如果你要在夏季进行速度练习，请把每次跑步的长度设定为 200 米，然后增加重复组数，来达到原定的距离。为了维持速度，在组间休息时向头上浇点水，同时走 200 米。注意身体对暑热的反应，不要训练过度。

中暑预警！

虽然中暑是小概率事件，但是你在暑热（或潮热）天气下待得越久，中暑的风险就越大。这就是我建议在热天进行室外练习时，将速度训练的距离进一步分段完成的原因。

请注意自己以及身边跑者的身体反应。如果出现下列症状之一，并且感觉轻微，通常问题不大；但是，如果多个症状同时出现，就一定要注意了。严重的中暑可能有生命危险，所以保守一些总没错：停止练习，降温，必要时寻求救助。

中暑症状

◎头部升温迅速
◎体温升高
◎头疼
◎头晕呕吐
◎意识模糊
◎身体失控
◎大量出汗，然后停止出汗
◎皮肤湿冷
◎呼吸明显加快
◎肌肉抽搐
◎眩晕
◎腹泻
◎炎热的危险因素
◎细菌与病毒感染
◎服药：感冒药、利尿剂、止泻药、抗组织胺药、阿托品、东莨菪碱、镇静剂
◎脱水（特别是饮酒后）
◎严重晒伤
◎超重
◎缺少适应性训练
◎训练过度
◎以往的相关疾病
◎数晚连续失眠
◎高胆固醇、高血压、极端压力、哮喘、糖尿病、癫痫、成瘾药物（含酒精）、心脏病、吸烟或是身体虚弱等疾病

注意！拨打急救电话

请密切关注身体状态。在多数情况下，一旦出现了多于2项以上症状，就应当立即休息，进行医学观察。一个特别有效的降温方法是用湿毛巾或湿布将中暑者包裹进行冷敷。如果有冰块，用湿毛巾包裹冰块效果更好。

热适应训练

在炎热天气，如果逐渐增加有规律的训练的时间和强度，你的身体也会逐渐适应。无论是哪类训练，最重要的是有规律地进行。至少应当在训练结束后大量出汗，至于出汗量的多少，则是因人而异。如果格外炎热或是湿热，请减少训练量。

注意事项：
阅读“中暑”部分，哪怕在运动中出现了最轻微的头晕和意识模糊，也不要继续坚持。

◎每周增加一个短跑练习日。
◎采用习惯的跑 / 走比例，用舒服的速度前进（哪怕是走，也要走慢些）。
◎开始走 5 分钟作为热身，最后走 5 分钟作为放松。
◎温度在 22-27 摄氏度时效果最好。
◎一旦出现了头晕等明显中暑的症状，就应该立刻停止跑步。
◎当温度低于 19 摄氏度时，你可以多穿一层衣服，来模拟较高的温度。
◎第一次练习时，只在酷热中停留 3-4 分钟。
◎每次练习增加 2-3 分钟。

技巧：在冬天进行耐热练习

多穿几层衣服，这样你在跑 / 走 3-4 分钟后就会开始出汗。然后再用轻松的速度继续练习 5-12 分钟。

应对严寒

多数情况下，我的跑步是在高于 16 摄氏度的条件下完成的。我跑步时的最低温度是零下 30 摄氏度。为了准备这次低温跑步，我把能找到的衣服都穿在身上。教练在检查后发现我还是少穿了衣服，在又穿了两层以后，才让我去跑。最贴身的一层穿什么，这纯属个人偏好，在此不赘述，何况原料与纺织科技的进步日新月异。总的来说，贴身层应当舒适，并且不要过厚。目前，有许多人造纤维织物，可以在贴身穿着舒适的同时积蓄热量，让你感觉温暖，又不至于闷热难耐。同时，这些织物还可以让汗水和雨水迅速从皮肤上蒸发。这些服装不仅改进了舒适度，而且还解决了湿冷着凉的问题。

跑过寒冬

◆ 如果需要室外跑步，请推迟午餐时间。因为一天的中午前后是最温暖的时段。即使天气极为寒冷，在阳光下跑步的感觉也会好很多。请尽快处理完其他事务，把中午跑步的时间留出来。

◆ 如果只有早上的时间能去跑步，那就多穿点再出门。本章末尾的温度穿衣指南可以让你在保暖的同时，不至于穿得过于臃肿。

◆ 首先选择迎风跑，特别是在出发或中途拐弯时。如果你选择一上来就顺风跑，如果风向不变，你就需要带着满身汗水逆风跑回家。当寒风凛冽时，你会感觉格外寒冷。

◆ 去健身房办卡，进行室内锻炼。在室内跑步机上，你可以远离风寒。我认识的许多跑者，既不喜欢跑步机，又不愿意在寒风中奔跑超过 15 分钟。他们的办法是把跑步距离按照每 7-15 分钟分段，在屋里跑步机上跑一段，然后出门再跑一段。把两段之间的时间作为放松休整。同时，在健身房里还可以进行跑步以外的锻炼。

◆ 有时候，一天的训练就好比是 3 项比赛那样。你可以选择 3 种练习。你可以在室外，或是健身房里锻炼。

◆ 在办公室或者家庭附近找一处健身场所。在美国，有的过街天桥等交通设施，在人流低峰时允许用于健身。购物中心和市民活动中心也有健身区向民众开放。

◆ 戴帽子。多数热量是从头部散发的。因此戴帽子可以有效地保暖和积蓄热量，还能防止冻伤耳朵。

◆ 在严寒中奔跑时，要保护好耳朵，双手，鼻子以及面部等容易冻伤的部位。此外，袜子和鞋也要保暖，男士还要多穿一条内裤。

◆ 分段完成练习。天气适宜时，可以一次完成 30 分钟的训练，当格外寒冷时，可以把半小时的训练计划拆解成 3 次每次时长 10 分钟的训练。

◆ 注意热身和休息。在进行室外运动前，先在室内走或跑来热热身。当天气特别寒冷时，跑步间隙到室内走动休息。

◆ 凡士林。在极寒天气中，暴露在外的皮肤都需要保护，可以在这些区域涂抹凡士林。例如眼睛周围这块区域，即使带滑雪面罩也无法保护，可涂凡士林御寒。

◆ 在冬天，不论是室内锻炼还是室外锻炼，出汗与其他季节差不多。即使不跑步，在一天中每隔 2 小时或是口渴时依然需要喝 100-200 毫升水或运动饮料。在长距离跑时，每小时的建议饮水量是 400-700 毫升。

◆ 另一提醒：查看本章末尾的穿衣温度表，根据温度选择正确的服饰搭配。

穿衣温度表

在长期的执教经历中，我指导过来自各地的运动员训练。下面是我对在不同温度下的穿衣搭配建议。请作参考，选择最适合自己的服装组合。一般性原则是将功能作为首位考虑因素。请记住，最重要的是贴身衣物。多数人造纤维制造的冬季贴身服装，都能够在排除身体运动时产生的湿气的同时，积蓄热量。不论夏季还是冬季，贴身服装都应该能够迅速排汗，并具有相应的干爽或保温性能。

不要穿

◆ 不要穿太重的风衣。如果衣物太厚实，有可能大量出汗，当脱下衣服时，又会感到寒冷。

◆ 男士在夏季也不要穿棉质服装。化纤材质的运动服装可以吸收汗水并蒸发，让你稍感凉爽。

◆ 太多防晒霜会影响排汗。

◆ 夏季不要穿太厚的袜子。跑步后脚会有肿胀，袜子太厚就有可能挤脚，产生黑趾甲和水泡。

◆ 不要穿荧光橙色并且带有明快粉红斑点的服装（除非你对形象很自信或是能够跑得非常快）。

温度区间	如何穿衣
14℃以上	工字背心 / 短装和短裤 （或是能避免摩擦的紧身短装）
9~13℃	T 恤衫和短裤 （或是能避免摩擦的紧身短装）
5~8℃	长袖轻质跑步衫、短裤或紧身长裤 （或化纤长裤）防寒帽与手套
0~4℃	长袖中等重量跑步衫、多套一层 T 恤衫、 短裤与紧身长裤（或化纤长裤）厚袜子、 带护耳的防寒帽与手套
-4~-1℃	长袖中等重量跑步衫、多套一层 T 恤衫、 短裤与紧身长裤（或化纤长裤）厚袜子、 带护耳的防寒帽与手套
-8~-3℃	长袖中等重量跑步衫、保暖外套、 厚紧身长裤（或化纤厚长裤）、 防风外套、防风裤、 多套一层厚贴身裤、厚袜子、 带护耳的防寒帽与并指手套
-12~-7℃	两件长袖中等重量跑步衫、保暖外套、 厚紧身长裤（或化纤厚长裤）、厚保暖衣物、 防风外套、防风裤、多套一层厚贴身裤、 厚袜子、滑雪面罩、带护耳的防寒帽、 手套以及套在外面的并指手套， 用凡士林涂抹在裸露的皮肤上
-11~-18℃	两件长袖中等重量跑步衫、保暖外套、 厚紧身长裤（或化纤厚长裤）、厚保暖衣物、 防风外套、防风裤、多套一层厚贴身裤、 更厚的袜子与其他足部御寒措施、 滑雪面罩、带护耳的防寒帽、 手套以及套在外面的并指手套， 用凡士林涂抹在裸露的皮肤上
-20℃或以下	继续根据需要添加衣物

常见问题解决办法

◎长久休息后恢复跑步
◎身体疼痛
◎如果……就会受伤
◎今天没精神
◎侧腹部疼痛
◎状态时好时坏
◎没有跑步的动力
◎腿部肌肉抽筋
◎肠胃不适和腹泻
◎头疼
◎感冒了还能跑吗?
◎路跑安全
◎个人安全
◎遇到狗怎么办
◎心脏病与跑步

停跑后如何重新开跑？

停跑越久，恢复训练时就越要从慢起步。我要警告你的是，有时你觉得已经回到了原来的状态，但真实情况并非如此。请按照下面的计划，一旦有疑问，就要采取更为保守的策略。记住，你的目标是跑得长久，而不是图一时之快。

停跑少于两周。你会感觉像个新手，但是只要进行正确的恢复，很快就能找回感觉。比如，你从训练计划的第 10 周开始因故停跑，时间少于 2 周。当你恢复时，先从原计划的第 2 周开始，如果感觉良好，就继续训练，直到逐渐回到停跑前的训练计划。

停跑 14-29 天。你也会感觉像个新手，只是找回感觉所花费的时间要更长久。经过 5-6 周后，你才能逐渐回到原来的训练计划。在恢复期的前两周，先从原来训练计划的第一周开始，如果没有疼痛与持续疲劳，顺次按照原来训练计划中每隔 1 周的内容进行。在第五周，逐渐回到原来训练计划中断的时点。

停跑 1 个月或更多。如果你停跑的时间长达 1 个月或更久，就要完全像新手那样重新开始。在恢复期的前几周，从本书中以“完成”为导向训练策略的第 1 周开始逐渐恢复。两三周之后，最稳妥的措施还是继续这一训练策略；但是，如果你没有伤痛或不良感觉，恢复的速度可以适当加快，比如在每 3 周的计划中，跳过其中的 1 周，只按照其余两周进行练习。如果在接下来的 2 个月内一切顺利，你就能逐渐找回从前的跑步感觉了。

疼痛！是暂时的，还是受伤了？

在练习中遇到的多数疼痛都是暂时性的，会在几分钟内消失。如果疼痛在训练时持续发作，那就停下来慢慢走 2 分钟，等到痛感消失后继续恢复练习。如果重复四五次调整后疼痛依然持续，就应该停止训练。

行走疼痛

当在行走中遇到疼痛时，请缩短步长，小步慢走 30-60 秒。如果疼痛继续发作，尝试坐下来按摩疼痛区域 2-4 分钟。如果重新站起来行走时仍然感到疼痛，那就停止当天的训练吧。

如果……就是受伤了

◎局部肿胀 - 伤处会肿起。

◎局部失能 - 膝盖或脚等不能正常动作。

◎局部疼痛 - 持续疼痛，甚至不断加剧。

治疗建议

◆ 找一位富有经验，在跑者中声望良好的运动康复医生，他能帮助你重回跑道。

◆ 在接下来的 2-5 天内，不要进行任何可能刺激伤患处的运动，这样才能促进康复，根据需要延长休息时间。

◆ 如果伤处就在皮肤下方（譬如跟腱、脚等），可用冰块冰敷按摩 15 分钟，直到伤处感觉麻木。在痛感消失后，坚持冰敷一周。但是，不要使用冰袋和化学制冷包。

◆ 如果是关节内部或是肌肉深处的毛病，请向医生询问能否使用处方消炎止疼药物。不要不经医嘱乱吃药，应当严格遵循医嘱。

如果出现肌肉损伤，请向经验丰富的物理治疗师求助，进行康复按摩。请找一位具有处理同类伤病经验丰富的治疗师，康复按摩常常有意想不到的奇效。

这就是健身者们广为流传的经验。关于更多运动损伤与恢复方面的信息，请阅读本书第 23 章。

无精打采

每年总有那么几天，你会无精打采，没有兴趣去运动。不过，多数时候，你可以克服消极情绪。但是有时候，由于炎症感染，持续疲劳等的影响，你不能进行某些运动。下面是一些能够鼓励你斗志的小提示，如果它们还不足以让你出门，那就看看本书中的“营养”部分的内容，特别是关于血糖的部分。

◆ 在跑前一小时，吃一条能量棒，喝些水和含有咖啡因的饮料，咖啡因能够提振精神。

◆ 在跑步前半小时，喝含有 100-200 卡路里热量、80% 碳水化合物以及 20% 蛋白质的运动饮料。

◆ 踏出家门或办公室走 5 分钟，通常会改善情绪，感到充满活力。

◆ 无精打采的一个原因，可能是你上次训练后的 30 分钟内没有补充足够的营养。在这 30 分钟内，应当摄入含有 200-300 卡路里热量，80% 蛋白质与 20% 碳水化合物的食物。

◆ 低碳水化合物饮食会导致运动前精神不振，以及运动后无精打采。

◆ 多数情况下，即使在运动时出现体力下降，依然可以坚持。不过，如果正在感染炎症，应当去看医生。如果一连数日精神低迷，就去请教营养专家，了解训练中的特殊注意事项并进行血液检测。这也许是缺铁、缺乏维生素 B 或是能量储备下降导致的。

注意：
如果你对咖啡因过敏，就不要使用任何含咖啡因的制品。如果遇到健康方面的问题，最好的方法就是看医生。

侧腹部疼痛

这是跑者的常见问题，通常只需要简单应对，除了疼痛，没有什么值得额外担心的。侧腹部疼痛多是由下列原因引起的：①呼吸过浅。②一上来就跑得太快。你可以通过降低速度、增加跑步时的步行调整来避免第二种情况。

从开始跑步时就使用肺部的下半部分进行呼吸，可以避免这一问题。你需要把空气吸进下肺部，因此也称为“腹式呼吸”。这也是我们在睡眠状态下的呼吸方式，能够让氧气吸收更为充分。如果在跑步时呼吸过浅，就很难获得足够的氧气，引发侧腹部疼痛。多数情况下，放慢速度，行走调整和进行深呼吸，可以让症状在短时间内逐步消失。不过，许多人会选择忍住疼痛继续跑或走。在我 50 年的跑步和指导跑步生涯中，还没见过这种侧腹部疼痛有任何长期的副作用。

你不需要靠拼命深呼吸来摆脱侧腹部疼痛，只要让下肺部参与常规方式的呼吸即可。如果在呼吸时腹部上下运动，就是采取了腹式呼吸；如果在呼吸时胸部上下移动，而腹部没有移动，就是依然使用肺的上半部进行呼吸。

注意：
一定要避免过快的呼吸。这会导致喘粗气，头晕甚至昏厥。

状态时好时坏

如果能解决这个问题，你一定会变成富人。状态波动的原因很多，不过，总有那么几天，身子不太想活动，仿佛重力都比以往大了不少，并且你也不知道原因。

◆ 熬过去。多数情况下，如果某一天状态不好，多走走，用走代替一部分跑就能解决问题。健走者只需要通过小步走进行休息调整即可。在试图战胜疲惫前，一定要确认自己的身体健康。例如，当肺部感染时，不要进行运动。

◆ 炎热和潮湿会让你感觉更差。当气温低于 14℃时，跑步时的感受会更好一些，而当气温高于 24℃时，在高温下运动就是一件难熬的事情（特别是训练结束时）。

◆ 血糖水平过低也会带来不好的感觉。也许在开始时一切顺利，但你会突然感到无力前行，每迈出一步都需要巨大的努力。请阅读本书中的相关章节。

◆ 没有动力。采用"排练"的策略激发动力，坚持出门锻炼，详见"保持动力"一章。这一策略已经让众多跑者重新获得精神动力，就算在训练过程中也同样管用。

◆ 感染会让你无精打采，疼痛，无法按照平时一样的速度去训练。请注意常见症状（比如发热、发冷、淋巴结肿大等），如果遇到疑问，去向医生求助。

◆ 药物与酒精。如果训练前一天饮酒过度，或是服用了某些药物，也许会影响训练的状态。

◆ 开始得过快——这或许决定了某次训练的成败。当身体处于疲劳或是其他压力的边缘时，哪怕 1 公里只快几秒，也会导致训练过度，带来不适或损伤。

抽筋

多数人都会经历抽筋（步行时也不例外）。在跑步或步行的过程中，肌肉无规律收缩引起的抽筋，大多发生在脚和小腿等部位。此外，抽筋还会随机发生，高发期是夜晚，或是坐在桌边看电视的下午或傍晚。

抽筋的严重程度千差万别。多数情况下只是轻微症状，不过，严重的抽筋会使局部肌肉暂时失去功能，并在剧烈收缩时引发疼痛。按摩以及活动局部肌肉，能够解决大部分抽筋。不过，拉伸有时会让抽筋更为严重，甚至导致肌纤维断裂。

多数抽筋是由疲劳引发的——某次运动的强度或（和）时间长度超过以往；或是长时间处于极限状态下，尤其是在温暖天气中锻炼时。请对照训练计划和记录，看看是否出现了运动过度的情形。

连续跑步会增加抽筋风险，行走休息可以减少这种风险。许多人就算是跑 1 分钟、走 1 分钟也会抽筋，那么不妨尝试跑 30 秒、走 30 秒 -60 秒。步行锻炼者可以通过慢走减少抽筋。

天气炎热时，喝点含有电解质的运动饮料，可以补充因出汗流失的盐分（包括训练前一天和训练后第二天），从而减少抽筋。

在距离非常长的徒步、行走或是跑步运动中，连续出汗加上大量饮水，也会使人体内的钠离子等电解质水平下降，引发抽筋。如果经常发生这种情况，可以通过口服电解质片进行补充。

许多医疗措施，特别是降血脂的治疗方案，具有可能导致抽筋的已知副作用。因此在使用前请向医生询问了解。

下面是应对抽筋的技巧：

◆ 延长热身时间，在热身时采用更缓和的动作。

◆ 缩短单次练习时间。

◆ 减慢速度，多进行步行调整。

◆ 在湿热天气下，缩短跑步距离。

◆ 把练习拆解成 2 次完成。

◆ 注意其他可能导致抽筋的练习。

◆ 在训练开始时就服用电解质片。

◆ 缩短步长，尤其在进行跑坡练习时。

注意：
如果你的血压偏高，在服用含盐分的食品前，请询问医生。

腹部不适与腹泻

几乎所有的长跑练习者，都会至少遇到一次腹部不适或是腹泻之类的问题。这通常是由于压力积累导致的，这种压力来源于之前进行的跑 / 走练习，进一步原因请见下文。同时，腹部不适与腹泻的原因也可能来自个人身体条件差异。恶心或腹泻都是身体要求减少运动强度，进而减轻压力的信号。下面是一些常见原因。

◆ 跑 / 走得过快或距离过长。这是最常见的原因，也是跑者们经常疑惑的问题。因为开始时的速度感觉并不是很快。每个人都有引起腹部症状或疲劳的临界点，慢下来、多休整，能够帮助你解决问题。

◆ 在练习前吃得太多。当连续跑 / 走时，整个身体系统都要努力运转；同时，消化食物也需要体力。同时进行这两项任务会增加身体负荷，甚至引发恶心等症状。在运动的同时还要消化大量食物，这会对身体带来额外负担，应当避免出现这种情况。

◆ 吃高脂肪或高蛋白质食品。50% 的热量来自脂肪或蛋白质的饮食，会引起数小时后的恶心或腹泻。

◆ 运动前一天的午 / 晚餐过多。晚饭吃太多，第二天依然有可能尚未完全消化。身体在跑步时会颠簸移动，这就增加了体力耗费，并且有可能导致恶心和腹泻。

◆ 湿热。湿热是导致恶心 / 腹泻问题的重要原因。有的人不适应炎热，即使在热天进行少量的锻炼，就会导致体内热量过分聚积。不过，当气温较高时，几乎所有人的核心体温都会上升，这就会对全身产生压力，甚至导致恶心 / 腹泻。放慢脚步，进行更多步行休整，以及向头部浇水降温，可以减轻甚至消除不适感。当天气炎热时，最好的锻炼时段是日出前。

◆ 在跑 / 走前喝水太多。如果喝太多水，并且身体剧烈运动，就会对消化系统造成负担。所以，跑 / 走前要尽量少喝水。在多数场合下，60 分钟以内的训练前不需要喝水。

◆ 喝太多的含糖或电解质饮料。水是人体最容易处理的物质，而饮料中添加的糖分 / 电解质等，对某些人来说却不好吸收。在多数的跑 / 走练习中，只喝清水就够了（特别是在热天）。凉水是最佳选择。

◆ 在跑 / 走练习后喝水过快过多。即使这时你非常口渴，也不要在短时间内大量喝水。试着每 20 分钟喝不超过 170-230 毫升的水或饮料。如果你容易恶心 / 腹泻，那就每隔 5 分钟喝 2-4 小口。当身体极度疲劳时，喝含糖饮料并不是好的选择。消化系统处理这些糖分的过程中可能引发不适。

◆ 练习强度不要过大。有的人太过痴迷于按照一定的速度完成训练，甚至会给日常生活带来压力。正确的做法是放松，让生活中其他方面的压力通过训练得以释放。

头疼

许多原因都会引发长跑后的头疼。虽然这是罕见现象，但是平均而言，跑者在一年中总会遇到 1-5 次。在苦练的日子里，身体承受的压力可能引发头疼，即使是跑步带来的放松也不能缓解。持续时间超过 2 小时的行走也可能引起头痛，特别是气温较高的情况下。许多跑者发现，从药房买的非处方药可以治疗这种头疼；不过，在吃药前，还是应当先咨询医生。以下是原因与对策

脱水

如果你在早上训练，请确定前一天喝了足够的水，不要喝酒；并且注意前一天晚饭中的盐分。另外，提前一两天喝些运动饮料，也能帮助身体维持水分平衡和电解质水平。如果你在下午锻炼，也可遵从同样的建议。

服药导致脱水

这些药物可能引发与运动有关的头疼。请向医生咨询。

天气太热

挑选一天中比较凉爽的时候去跑步（比如日出前）。当不得不在炎热中跑步时，往头上浇水降温。

跑得太快

跑步时应当慢慢起步，在前半程多进行步行休整。

跑的距离超过最近练习的极限

注意增加跑步里程的限度，一般来说，每次练习时的里程增量不要超过上周同样练习的 15%。

低血糖

在跑步前 30-60 分钟，吃些东西来提高血糖水平，如果你已经习惯了依靠咖啡因来提振情绪，那就喝点含有咖啡因的饮料吧。

容易发生偏头疼

避免摄入咖啡因，也不要陷入脱水状态。请向医生了解病情和对策。

注意脖子与后背

如果你在跑 / 走时身体姿势有轻微的前倾，就有可能压迫脊椎骨，特别是颈部与后背部位的骨骼。请阅读本书中的“跑步姿势”部分，在运动时保持上体与地表垂直。

感冒了还能跑步吗？

关于感冒后的运动，个体差异巨大，因此你应当与医生深入交流并获得建议。通常来说，一般的感冒患者也能进行一些运动。

肺部感染——不能运动！

肺部感染可能引起心脏的并发症状，也许会导致不可逆的身体损害，甚至致命威胁。肺部感染的症状之一是咳嗽。此时不要有侥幸心理，好好休息直到康复吧。

普通感冒

许多呼吸道感染的症状与普通感冒类似。请先去看医生，至少从医生那里得到可以运动的许可。请向医生说明自己的训练状况、下一步的计划，以及你最近正在服用的药物。

咽喉以上的呼吸道感染

多数情况下依然可以坚持慢跑与散步等缓和运动。如果不放心，就去向医生请教吧。

路跑安全

每年都有跑者或健走者遭遇交通事故的揪心事件。不过，多数意外是可以避免的。以下是发生意外的主要原因，以及如何预防。

◆ 司机驾驶时使用手机，或被杂事干扰

时刻保持警惕，即使在非机动车道和人行道上跑步时也不例外。据我所知，多数致命事故的起因，正是车辆失去控制，从后方撞击被害者。在熟悉路段跑步时，虽然右脑可以让你进入“巡航状态”，但仍然要对危险保持敏感和警惕。

◆ 跑者闯红灯穿越马路

在与其他人一起跑步穿越路口时，不要尝试盲目跟随。只顾跑过路口而不留心观察环境，就很容易被突然驶来的车辆撞倒。最好的办法或许是我们在童年时代被反复灌输的“一站、二看、三慢、四通过”。在过马路时，注意双向来往的车辆，并且考虑好车辆靠近自己时的避险方案。

◆ 在跑步时走神

结伴跑步本来是跑步运动中非常积极的一方面。但是，如果在交通要道上聊天说笑，事情就有些麻烦了。你要对自己的安全负责。我认为这一情形中最大的错误就是，跑在队尾的人认为他们无需担忧交通安全，而这种想法本身就是十分危险的。

总之，一定要对交通状况充满警惕。可参考以下原则和其他实用方法。

◎随时注意来往车辆与特殊情况。

◎假设所有司机都是醉驾，当看到某辆车的行驶状况怪异时，离它远点。

◎保持安全戒备，进行预判并记住应急方案。

◎在远离主干道的人行道等地方跑步。

◎迎着车流跑步。顺着交通方向跑步，已经成为了许多意外事故的成因。因为跑者看不到身后的情形。

◎室外夜跑时穿着白色衣服，佩戴反光标识。据我了解，这样的行头救了不少人。

◎对自己的安全负责。只有时刻警惕，才能远离意外。

个人安全

◎提前计划，时刻关注周边环境。

◎随身携带一枚哨子。

◎如果不确定环境是否安全，带上胡椒喷雾剂。

◎携带手机，如果感觉有危险立即打电话求助。

◎在鞋子上绑一个小的金属身份牌。

◎告诉亲友你去哪里跑步，预计何时返回。

◎依靠本能，如果感觉到背后有什么不对，就立即停步转身。

◎最好不要在室外佩戴耳机跑步。即使环境安全，也请把音量调低，并且留出一只耳朵来听周围的声音。

◎如果不得不与坏人正面交锋，用肘关节攻击他的头部，用手指戳眼睛，踢他的下体。

遇到狗怎么办

当你进入狗的地盘时，就要做好接触的准备。下面，我提供一些应对狗的建议。

◆ 你可以选择好几种吓退狗的武器，比如木棍、石块、电子报警器以及胡椒喷雾剂。如果你身处一个陌生环境，或是一个可能有狗出没的环境，记得随身携带这些物品中的一件。

◆ 听到狗叫或是其他信号时，要在第一时间确定狗的位置，狗的领地范围，以及它是否真正构成威胁。

◆ 最好的办法是找一条没有狗的路线。

◆ 如果你身边没有驱赶狗的用品，又必须从狗面前经过，手里应当拿块石头。

◆ 注意观察狗的尾巴，如果尾巴不摇动，就要小心了。

◆ 当你接近狗的时候，它的本能反应就是迎面跑来，然后狂吠不止。这时，举起手里的石头，做出扔向狗的动作。以我的经验，90% 会把狗吓退。也许，你在通过狗的领地前，需要这样反复“表演”数次，注意保持警惕。

◆ 有时，你需要真的把石块丢向狗，甚至要扔好几次它才会停止接近你。

◆ 在我跑步遇到狗的几百次经历中，只有 1% 的概率，狗会一直朝你冲过来。这时，狗背上的毛通常是直立的。尽快找一个能够藏身的屏障，待在后面，大声呼叫让狗的主人或是路人帮助你。如果此时恰好有一辆车驶来，可以让司机载你一程，或是让司机慢驶，用车辆作为掩护，直到通过狗的地盘。

◆ 尝试喝退狗。用坚决而有力，或是高亢的命令句，吓跑它。在这样做的时候，一定要表现出自信与威严。

应对疼痛

如果感觉受伤了，最好的办法是停止跑 / 走，休息 2-3 天，等到身体恢复后再进行练习。通过对容易受伤的薄弱部位的观察，我发现拉伸这些部位，往往会使状况恶化。

小腿：小腿前方酸或疼（前胫骨区域）

注意：

即使采取纠正跑姿等措施，前胫骨区域的疼痛依然需要数周才能恢复。只要不是应力性骨折，与完全静养相比，坚持轻缓活动能够加快康复。总而言之，只要没有加重不适，出现小腿酸疼的时候依然可以坚持锻炼。

成因：

◆ 强度和训练量增加得过快，在接下来的一两周里，多用小步慢走锻炼吧。

◆ 跑 / 走太快，或是在某一天的训练中速度过快。如果担心受伤，请在所有的练习中放慢速度。

◆ 步幅太长：缩短步幅，小步前进。

小腿：小腿肌肉酸或疼（后胫骨区域）

成因：

◆上述 3 种原因至少其一。

◆在落地姿势为过度内旋的跑者中较为多发。他们的脚在落地时经常向内侧过度翻转。

◆鞋子太软。加剧了脚的过度内旋。

纠正:

◆减小步幅。

◆跑者：减慢开始时的速度，从起初就增加步行休整的比例。

◆如果你的脚落地方式是过度内旋且前足落地，请尝试更有利于稳定的控制型跑鞋。

◆请教足踝医生，看是否需要特殊的足部器械。

肩颈部肌肉疲劳与酸疼

主要成因:

◆跑 / 走时身体过分前倾。

其他原因:

◆手臂的位置距离身体太远。

◆在运动时摆臂幅度过大。

纠正:

◆在跑 / 走过程中，每隔 4-5 分钟就使用“提线木偶”联想（请看“跑步姿势”一章），这就可以提醒自己注意保持上半身挺直与放松，在长距离练习时尤如此。

◆注意手臂的姿势，手臂应当贴近身体并保持放松。

◆减少摆臂动作。保持双手接近身体，摆臂时，双手仅轻微接触衣服的左右两侧。

下背部：跑 / 走后紧张与疼痛

成因:

◆身体过分前倾。

◆步幅太长。

纠正:

◆在跑 / 走过程中，使用“提线木偶”联想（请看“跑步姿势”一章），注意保持上半身挺直与放松，在长距离练习时尤其应该应如此。

◆向物理治疗师请教，是否需要进行力量练习。

◆缩短步幅。

膝盖：跑 / 走临近结束时紧张与疼痛

成因：

◆步幅太长。

◆短期内的训练强度过大，距离过长。

◆没有从一开始就采用有规律的步行休息（或快走休息）。

◆当跑步肌肉疲惫时，你就会变得东倒西歪。

纠正：

◆缩短步幅。

◆脚紧贴着地面移动，不要抬得过高。

◆用训练日记记录每天跑的距离。每周的总训练距离增量，不宜超过上周的 10%。

◆在跑步中多使用行走休整（或“轻步高频”）。

◆进一步放慢起跑时的速度。

膝盖后侧出现疼痛与紧张，或持续性酸疼

成因：

◆错误的拉伸。

◆步幅太长，特别是临近训练结束时。

纠正：

◆采用正确的拉伸方式。

◆控制步幅。

◆避免运动中提膝与抬脚过高。

腘绳肌（大腿后侧）紧张与酸痛

成因：

◆错误的拉伸。

◆步幅太长。

◆在用力摆臂的同时，腿向后蹬地时抬得过高。

纠正：

◆采用正确的拉伸方式。

◆保持小步前进，让腘绳肌尽量处于放松状态，尤其是在训练和比赛结束后。

◆在练习之初就多使用跑 / 走结合的方法，也许能避免问题。

◆后蹬腿的小腿，不应高于与地面平行的程度。

◆深度按摩腿部组织有时可以帮助腘绳肌应对伤痛。

股四头肌（大腿前方）酸痛疲劳

成因：

◆提膝过高，特别是出现疲劳时。

◆在跑下山时使用股四头肌减速：因为你的速度过快，或是步幅太大。

纠正：

◆防止提膝过高，特别是在训练结束前。

◆用小步完成跑 / 走练习（见第 16 章）。

◆在到达坡顶或接近疲劳时，采用小步，而不要刻意增加步幅。

◆如果在下坡时速度过快，请缩短步幅，直到降低速度。

◆在下坡时多使用步行休整（“轻步高频”）。

脚与小腿酸疼

成因：

◆弹跳过多。

◆落地太重。

◆鞋子不合脚或穿着太久，导致鞋底保护性下降。

◆鞋垫损耗，保护性下降。

纠正：

◆脚紧贴着地面移动。

◆保持轻盈的落地动作。

◆检查鞋子，查看磨损情况并及时更换。

◆或许只是需要一双新的鞋垫。

#24

年龄增加后的情形

年龄增长后的主要区别

“只要对速度进行合适的调整，采用跑走结合的休整策略，即使年龄增加，跑者依然可以降低受伤风险。”

每年我都会听到有许多人抱怨，说自己在年轻时早点开始跑步就好了——因为现在年纪大、跑不动了。不过，几分钟后，他们就会改变这一想法。每年我都会指导许多 40 岁、50 岁、60 岁、70 岁甚至年龄更大的人跑步。其中很多还是新手，并且多数新手在 6 个月内成为跑者。80 岁以上的人，也不乏在练习跑步一年后完成马拉松的。

本书中的训练原则适用于不同年龄的每一个人。如果你把逐渐增加训练强度和适当休息结合起来，那么就可以把身体练得越来越结实。

跑步的快乐对任何年龄的人都一样。运动中的内啡肽会让你的肌肉感到愉悦，一整天都能情绪高涨。运动带来的放松与快乐，是其他活动难以达到的。

◤ 左一为艾略特 · 盖洛威

艾略特 · 盖洛威（Elliott Galloway）

我的父亲在 40 多岁时身材肥胖走样，但是他却用每一个能想到的借口逃避运动。当他 50 岁的时候，我已经放弃动员他参加运动了，但是一次高中同学聚会却让他彻底改变。

他们高中足球队的 25 个伙伴中，只有 12 人活过了 52 岁。当参加完聚会开车回家时，他想起了来自医生、我以及亲友们的建议，害怕自己成为下一个逝者。当时，他正在致力于毕生的事业——开办一所创新型学校。

这位以前的州级别运动员，在长期远离运动场后的第一次训练时备受打击。他发现自己用尽全力只能跑 100 米。但是，他没有放弃，即使第二天的训练量只是在累得跑不动前，比头一天多跑一个电话亭的距离。经过不到一年的练习，他已经可以绕着门前的高尔夫球场跑步 5 公里了。又过了一年，他跑完了 10 公里的桃树路赛跑（Peachtree Road Race）。又过了 3 年，他只用不到 40 分钟就能跑完 10 公里。最让我骄傲的是，父亲虽已年过 80 岁，但每周依然可以跑 / 走 30 公里。

时至今日，我仍在指导一群自认为体力已经“过气儿”的跑者，他们中有些人事业有成、令人叹服。80 多岁的初级跑者，同样能够体会到健康改善的快乐，他们甚至不敢相信跑步为每天的生活带来的改善。实话实说，他们是我的英雄，我希望自己年事渐高时，也能像他们一样。

40 岁以后恢复速度下降

我从 13 岁跑到现在，每年，我都会发现自身的微妙变化。只有当我回顾近 50 年的跑步生涯时，我才会发现这些改变。

◆ 过了 40 岁，身体恢复的速度会逐年下降。

◆ 同时，你的注意力会更加集中，这有助于战胜疲劳。

◆ 55 岁是继 40 岁之后的第二个坎儿。

◆ 65 岁又是 55 岁之后的一道坎儿。

◆如果每个时期都按照同样的计划训练，就会导致受伤，疲劳或是腻烦。

◆每次跑步需要的热身时间越来越长。

◆每次快跑后，都需要更长的恢复时间，同时受伤的风险也会增加。

几乎 30 年没有发生疲劳损伤

当我即将度过 40 岁生日时，每周还要跑 6-7 天，我感到了腿部的持续性疲劳在加剧。我采用了随后我向其他 40 岁以上跑者提供的建议：隔一天跑一次。四周后，我的腿就没有任何不适感了。但是在接下来的年份里，我不能满足于每周只跑 3 小时，我需要通过多跑步来获取更多的内啡肽。我逐渐在每周多加入一天跑步时间。现在，别看我已经 60 多岁了，仍然可以几乎天天跑步。

我是怎样做到年纪越大跑得越多，甚至可以天天跑呢？这是因为我放慢了速度，并且经常使用步行休整。在开始跑步时，我跑一分钟走一段儿。在跑完 5 公里后，我通常每隔三四分钟，有时每隔一分钟就要走一会儿。我完全遵从当天的身体感觉，在过去 30 年里，我还没有连续两天不跑的经历。

跑者怎样对待恢复速度下降？

在 35 岁后，腿部从大强度训练中恢复的速度就会下降。但是，许多跑者直到四十岁前，要么毫不留意，要么不愿承认这一事实。通过采用更为保守的训练策略，确实可以降低受伤风险的。许多资深跑者还发现，虽然每周训练量可能少了几公里，但速度却会比原来更快，在每周训练天数减少时，尤其如此。

我们能够找到的最好的加快休息的方法，就是在大强度练习日前后各休息一天。这可以让身体充分适应运动产生的刺激，提高运动能力。总体而言，就是在某些关键日期多跑，然后避免频繁使用涉及跑步的肌肉（这就是激进型交叉训练）。下面是关于不同年龄组人群每周安排几天跑步的参考，适用对象是下列三类人群：

◎正在遭受更多伤病和疼痛，或是其他足部问题。

◎在两次高强度训练之间恢复缓慢。

◎成绩正在倒退。

（如果你没有遇到这些问题，可以想跑几天就跑几天）

◎按照年龄组推荐的每周跑步天数。

（如果愿意，在跑步之外的日子里，你可以散步和交叉训练）

35 岁以下：不超过 5 天。

36-45：不超过 4 天。

46-59：隔天。

60+：不超过 3 天。

70+：有 2 天跑稍长距离，1 天步行锻炼。

80+：1 天跑 / 走，一天短距离跑 / 走，一天轻松散步（或水中跑步）。

注意：

在长距离跑步的前一天应当休息。

更多的步行休息

上年纪的跑者，只要从训练的一开始就插入更多步行休息，依然可以保持跑量，并且避免伤病。

跑者的调整

跑走交替下的配速	跑步时长	步行时长
07'00"/ 英里	04'00"	00'20"
07'30"/ 英里	04'00"	00'25"
08'00"/ 英里	04'00"	00'30"
08'30"/ 英里	03'00"	00'30"
09'00"/ 英里	02'00"	00'30"
09'30"/ 英里	02'00"	00'40"
10'00"-11'30"/ 英里	01'30"	00'30"
11'30"-13'30"/ 英里	01'00"	00'30"
13'30"-15'00"/ 英里	00'30"	00'30"
15'00"-17'00"/ 英里	00'30"	00'45"-00'60"
17'00"-20'00"/ 英里	00'10"-00'20"	01'00"

更长时间、更低强度的热身

随着年龄增加，需要的热身时间也在逐步延长。下面是我的建议：

◎至少 5 分钟的慢走。

◎ 5 分钟时间的行走，尝试各种速度。即使快走，也要记得使用小步。

◎在这 10 分钟里，跑者可以试着跑几步，每跑 10-20 秒就走 1 分钟，然后跑一分钟走一分钟，或跑 30 秒走 30 秒。如果纯走路，就利用这段时间逐渐找到习惯的行走速度。

◎接下来，跑者们就可以按照习惯的速度，以及跑 / 走结合的比例去锻炼了。

◎保守策略不是坏事：在确有必要时，应该放慢速度多走几步。

把每天的训练拆解成 2-3 部分完成

一位跑者告诉我，在她从护士的岗位退休后的一年中，健康状况大为好转。她现在早上健走 3 公里，晚上健走 3-5 公里，而不是像原来那样每天健走 5 公里。她喜欢一天两练带来的活力。

跑得越快，腿越累

四五十岁的跑者，有时依然可以像二三十岁时那样进行速度练习。但是，他们可能要付出代价。当达到某一年龄后，如果依然尝试达到或逾越体能极限，就需要更长的时间去恢复。虽然速度练习和竞赛都会增加受伤的风险，不过对于任何年龄的人，通过更安全的训练方法，提高成绩都是可能的。随着年龄渐长，就必须更为重视恢复问题（两次速度训练之间需要更多时间去休息，速度练习的前一天要彻底休息）。我不推荐 80 岁以上人群去进行速度练习。本书中提到的姿势训练和加速跑，能够帮助跑者提高速度。

长期调整

正如人们拼命想改善记忆那样，不断提高成绩也是不可能的。但是，详细记录每次训练，可以让你找出伤病成因，以及训练中的问题。即使一个 90 岁的老人不可能再跑得更快，他也依然可以跑得更好。在训练日记的边角处写出下次训练中的改进意向，以及如何避免遇到重复的问题。对训练与调整的记录，会对你的跑步有重大帮助。如果你在未来几年的目标有变，你就能拥有更好的蓝图：因为你学会了根据现实情况调整最初的计划。

我相信，我们能够从经常做的事情中，获得满足感。我见过许多人，通过采用屡试不爽的方法去改善健康情况，并在这一过程中变得对生活更为积极。遵循和调整计划，就是提升一生的品质。

关于血糖

许多健身者上年纪后都会遇到血糖问题，请阅读本书第 17 章。

健康问题

跑步和健走都可以改善健康，延长预期寿命。许多人对我说，正是因为跑步，他们才得以留意那些严重的健康威胁的信号，从而对重大疾病进行早发现、早治疗。找一个支持跑步改善健康的医生，在他的建议下进行运动养生吧。

你想从跑步中获得什么？

这是每个人都要回答的最重要问题。尤其是那些 40 岁以上的跑者。对于我，答案非常简单，我就是希望能在余生天天跑步，并且不受伤。这就是我为什么经常放慢脚步，甚至跑走交替。我已经习惯了慢跑，我也知道，正是因为跑得慢，才能每天都从跑步中找到快乐。

正如我在开篇所言，你的跑步，由你掌控。如果你想每次都跑完一定的距离，不低于某一速度，赢得年龄组冠军……这都是你的权利。我想说的是，当你争取这些目标时，请记得带上运动医生的联系方式。为了达到上述目标，你必须为可能发生的伤病等后果负责。记住，如果非要做追赶冠军等达到或超出自己能力边界的事情，那就自求多福吧 。

你想在跑步中收获什么？这要看你的选择。每天、每年，都请把这个问题想清楚。

注意事项

◎把比赛当作“社交”。开局感觉良好的结果，就是容易导致冒进。

◎上了年纪的跑者，即使感觉到跑步过程自始至终很舒服，也不代表跑步后第二天或第三天不会发生疲劳倦怠。

◎一心想跑得比某个速度快，通常只会适得其反，特别是在热天或山路条件下。当年华老去时，你会记得自己年轻时能毫不费力地达到某个跑步速度，并且还想极力达到过去的状态——这就是记忆与年龄开的玩笑。最好的策略就是在距离、速度、路线以及练习时的天气等方面保持弹性。

◎“垃圾里程”就是在原本不该跑步的恢复日里完成的短距离跑。多数情况下，把这种短距离跑加入到训练日当中，是更好的选择。

◎在开始时跑得太快，即使每公里只快几秒，也会导致疲劳。在一开始的 2 公里内，跑慢些，会让你的腿感觉更好。

◎过度拉伸可能会导致肌肉和韧带损伤，需要有更长的治疗恢复时间。并且年龄越大，恢复起来越慢。过度拉伸与“正常”拉伸之间没有明显的界限。我至今都没有发现拉伸的特别明显益处，因此我也不推荐。如果你喜欢在跑后进行拉伸，请谨慎为之。

◎超越身体承受极限的速度或长距离耐力跑，在事后都需要更久的恢复时间，即使是年轻人也要为此付出代价。年纪较大的跑者，不但在这种大强度练习后的数日内感觉疲劳，还会增加受伤的风险。

◎跑步姿势不正确也会给年纪较大的跑者带来更多的疲劳和损伤等麻烦。

1. 步幅过大
2. 纵向弹跳过大
3. 后踢幅度过大

仅仅是好面子，就不采用步行（或快走）休息，也是错误的。我为自己是一个“不时行走”，但是依然可以天天跑步的跑者而骄傲——总好过整天坐在沙发上。

#25

改进跑步体验的产品

boost

根据韦氏词典，boost 意为当人努力向上攀登或者向前进的时候，从后施加推力，有帮助的意思。

为惊世骇俗而生

在过去的 30 年间，跑鞋的发展一直受到中底材料的限制，2013 年阿迪达斯创新团队将固体颗粒（TPU）膨胀成球形 Boost 单元，在经过特殊的工艺组合在一起，推出革命性的缓震材料——Boost。在 Boost 每个球状内都有几千个微小颗粒，这使得 Boost 材料相比其他传统材料拥有更多的弹性，可以储存更多的能量并更快的反馈给双脚，让你的双脚更贴近地面，跑得更快更持久，这一创新科技彻底改变所有人的运动方式。同时兼顾柔软舒适性和稳固快速缓冲效果的 Boost 材料为跑步爱好者带来了前所未有的感受，从另外一个角度讲，Boost 的诞生对助推跑步热潮席卷全世界起到关键作用。

2013 年 3 月 1 号，Boost 科技首先被运用到跑鞋制造上，阿迪达斯推出 EnergyBoost 跑鞋，这款拥有超软中底的跑鞋让大家纷纷质疑 Boost 的耐久度和稳定性，但在实验室研究人员机械模拟反复测试下，“看似”柔弱的 Boost，要比传统的 EVA 更耐穿，对低温的适应性同样超过 EVA 材料，加上出众的回弹力和并不逊色的稳定性很快征服普通爱好者和专家。

阿迪达斯随后推出以 boost 科技为主的系列跑鞋，Supernova Glide Boost，Supernova Sequence Boost，Revenge Boost，Adistar Boost，Response Boost，并拥有了许多拥趸。而真正让 Boost 名扬宇内的还是 2013 年柏林马拉松，威尔逊 · 基普桑脚踩 adiZero Adios Boost 以 2 小时 3 分钟 23 秒创造世界纪录的成绩冲过终点，Boost 科技石破天惊。再将时钟拨到 2014 年，还是柏林那片赛场，还是 adiZero Adios Boost，只不过主人公换成了丹尼斯 · 基米托，故事的结局依然振奋人心，马拉松世界纪录首次被带入 2 小时 3 分钟内。两次世界纪录的“创造者”——没有任何跑鞋享有过如此殊荣，这就是 boost 带来的跑步革命。

Boost 科技以跑鞋成名，却并不止于跑鞋，2014 年 7 月 Crazy Light Boost 在美国首发，成为当年在 NBA 中被试穿最多的阿迪达斯篮球鞋款，获得了众多职业球员的青睐，随后于 2015 年 2 月借纽约全明星赛之际推出 Futurestar Boost，这款球鞋正如他的名字，成为那些未来之星们的首选。

经过 2 年的积累沉淀，集 70 年赛道、越野和公路跑步经验，阿迪达斯推出 Boost 集大成之作——UltraBoost，在绝大多数跑鞋还在老路上你追我赶的时候，UltraBoost 开辟出了自己的道路，通过运动表现技术的革新不断满足着运动员越来越高的需求。正如 Boost 所代表的含义，阿迪达斯就是想要通过 boost 科技帮助运动员不断超越自己，开辟属于自己的道路。

最杰出的跑鞋创新科技

想要创造出完美的跑鞋，核心是中底材料，但是鞋身和外底同样重要，Boost 系列跑鞋从最初代 Energy Boost 的 Techfit 材质鞋面到最新款 UltraBoost 采用的独创 Primeknit 鞋面编织技术，真正地实现了脱胎换骨的变化，采用这种技术编织的鞋面，在

包裹性、支撑性、舒适性和延伸性上都有着突出表现，达到类似皮肤级别的舒适。随着 Boost 材料的增加，跑鞋的回弹能力不断提高，相应的稳定技术也不断升级，由最开始 Torsion System 升级到现有的加强版，在产生超级回弹的同时，提供绝佳的稳定性。特别是最新的 UltraBoost 运用的 Stretch Web 四向弹力网眼外底，令足底柔软灵敏，跑感劲能十足。

在一只鞋子上凝聚着阿迪达斯创新团队的大量心血，诸多技术并不是简单的堆砌而是和谐地组合在一起，每项技术在其他技术的辅助下，发挥出更大的潜力，共同创造出划时代的跑鞋，从跑步爱好者到专业运动员都能从 boost 系列跑鞋中得到自己想要的穿着体验。

助力跑者突破极限

Boost 全系列能够满足所有运动员的需求，从 Response Boost 这种更加趋向稳定系的跑鞋，到 Adizero Boost 为创造世界纪录而生的竞速跑鞋，Boost 给不同水平的运动员提供多种选择。无论你是初涉跑步的菜鸟爱好者，还是准备为打破世界纪录奋力一搏的顶尖高手，Boost 都是你创造奇迹的最佳帮手。

正如 Boost 系列所承诺的那样——向前迈出的每一步都激荡着能量，每一次奔跑都存在着突破的可能性。

下面的产品对任何跑者都大有裨益，详细请看：www.jeffgalloway.com。该网站还有盖洛威书系的其他图书和训练计划等资源。

滚轴

帮助肌肉更快恢复的按摩器具，可以加快髂胫束（大腿外侧从臀部到膝盖）损伤或是肌肉损伤的恢复速度。它可以激活腿部肌肉，避免肌肉和肌腱酸疼。通过在按摩时和按摩后的血液循环速度，恢复时间会因此缩短。

在使用滚轴按摩小腿时（对跑步来说最重要的部位），从跟腱开始向膝盖方向滚动滚轴；然后再慢慢向跟腱方向滚动。在第一个五分钟内，这种轻柔滚动会让小腿部位的血流增加。当你逐渐增加向上方滚动的力道时，你会发现肌肉中的酸痛点。反复按摩这些区域，逐渐消除紧张。登录 www.runinjuryfree.com 查看更多内容。

泡沫轴 – 髂胫束与臀部自我按摩

泡沫轴是直径 15 厘米、长度 30 厘米，由致密塑料泡沫制成的滚筒型按摩器具，这是至今为止治疗髂胫束损伤的最有效工具。最佳使用方法是，把泡沫轴放在地下，侧向卧倒，将受伤的髂胫束区域置于泡沫轴上方。用体重施加向下的力，使患处沿着泡沫轴上下滚动。先轻轻的滚两三分钟，然后增加用力。

事实上，这是可以自行进行的一种深部组织按摩方法。我建议在跑步前后都要按摩髂胫束，登录 www.runinjuryfree.com 查看更多内容。

Podfitness–Ipod 有声教练

训练计划的延伸。杰夫与 Podfitness.com 合作，把训练与日常生活进行更紧密的结合。现在，你可以拥有自定义的跑步计划，并且通过 Ipod 使用。

“Podfitness 设计目的是巩固书中的训练计划。训练计划是针对用户开发的，并且可以根据用户需要变动。在训练中使用 Podfitness，你可以全程听到我的建议和鼓励等语音指导。同时，还可以把你喜欢的乐曲作为背景音乐，让跑步更有趣。”- 杰夫 · 盖洛威

登录 http://www.podfitness.com/jeffgalloway/ 获取免费试用版本。我相信你会从使用中获益。

冰敷杯

冰敷酸痛部位是很有效的治疗措施，许多跟腱运动损伤都可通过冰敷治愈。塑胶冰敷杯就是一个方便有效的冰敷按摩治疗工具。在它上方有个环状口，灌装水后冷冻成冰。当需要处理酸痛等皮下较浅部位的不适时，把它从冰箱取出，向外壳上浇温水，然后拿着提手，向使用熨斗熨衣服那样去按摩伤痛部位约 15 分钟，直到患处感到麻痹。按摩后，再向杯中灌水并继续冷冻。根据我的个人体验，使用裹冰块的塑料袋，或是可反复使用的化学制冷袋，都没有太大用处。

YOU CAN DO IT 励志有声书

在你开车去训练时，可以用随车的播放器播放书中内容。在你学习跑步技术与策略的同时，还能知道如何保持锻炼的积极性。（www.jeffgalloway.com）

Endurox Excel

许多 50 岁或年纪更大的跑者认为，该产品可以帮助他们更快地恢复肌肉力量。Excel

中含有人参提取物，杰夫在每次高强度练习前都要吃两粒，研究也表明确有功效。当腿部感觉比以往更疲劳时，就可以连吃两三天。

Accelerade

专利配方，能加快恢复的运动饮料。在长时间可能导致脱水的训练前和训练后喝 Accelerade，可以帮助身体补充水分。准备 2000 毫升冰镇 Accelerade，每小时喝 100-230 毫升。跑步前后 24 小时都是补水的最佳时机。我建议添加饮料体积 25% 的水后饮用。

研究表明，训练前 30 分钟喝，能够为身体注入更多糖分，而这些糖分，将是运动时的重要能量来源。

Endurox R4

用于赛后补充的能量食品，碳水化合物与蛋白质的比例为 4:1，能够快速补充体力。同时含有加速恢复的抗氧化剂。

Jeff Galloway's Training Journal 盖洛威训练日记

用于组织、追踪以及归档训练情况的记录。它的结构非常简单，你要做的就是把每次练习的有关情况，填写到日记中的指定位置。同时，日记本上还留下了书写突发感受以及训练体验的空白。你会在日后回顾训练时有更生动的感觉。

利用训练日记，你可以更有效率地组织训练。事前计划和事后分析，能够让你从经验中学习，并进行必要的提高改进。

Galloway PC Coach 盖洛威电脑教程 – 交互式软件

它不光能用于建立马拉松训练计划，还能提示你遵守计划。你在记录的时候，就会知道是否严格执行了训练计划。在回顾训练内容的同时，你还能找出疲劳、酸痛乃至运动损伤的原因。

维生素

多数跑者需要依靠补充维生素来强化免疫和抵抗感染。有证据表明，补充适量的维生素，还能加快身体恢复。维生素会在人体获得运动益处的过程中发挥重要作用。

缓释盐丸

如果你在长距离或大强度的跑步时出现抽筋，那么含有钠和钾两类电解质的缓释盐丸，就是你的必备选项。不过，请向医生了解是否能够使用本产品（高血压患者需慎用）。在服用其他药物时，也要谨慎使用缓释盐丸。

GPS 等测距计时用具：控制速度

目前有两种能够准确测量距离的设备：GPS 与加速度表。使用这些设备，你能够控制自己的跑步速度，同时，不必枯燥地跑圈。带着它们去跑步，你可以随时了解跑过的距离与时间。GPS 设备通过导航卫星来追踪运动轨迹与数据，精度也要比加速度计高一些。不过，在建筑物密集地带、室内以及丛林中时，GPS 的信号就会受到影响。

加速度计则是把一个包括可发射无线电信号的加速度计芯片植入鞋子中，通过与芯片配对的手环显示测量数据。加速度计的好处是可以不受干扰，但需要经常进行校准。

有的设备需要电池，有的可以充电，跑步用品商店的店员会为你推荐合适的产品。

图书在版编目（C I P）数据

谁都能跑完 5 公里 /10 公里 /（美）盖洛威 著；赵小钊 译 .
北京：中国发展出版社，2015.6
书名原文：Galloway's 5K and 10K Running
ISBN 978-7-5177-0331-0

Ⅰ．①谁… Ⅱ．①盖… ②赵… Ⅲ．①跑－健身运动－基本知识 Ⅳ．① G822
中国版本图书馆 CIP 数据核字 (2015) 第 095739 号

版权贸易合同登记号 图字 01-2015-2973

书　　　　名：谁都能跑完 5 公里 /10 公里
著 作 责 任 者：【美】杰夫 · 盖洛威（Jeff Galloway）
出 版 发 行：中国发展出版社
（北京市西城区百万庄大街 16 号 8 层 100037）
标 准 书 号：ISBN 978-7-5177-0331-0
经　销　者：各地新华书店
印　刷　者：北京市庆全新光印刷有限公司
开　　　　本：710mm×1000mm 1/16
印　　　　张：9.5
字　　　　数：137 千字
版　　　　次：2015 年 6 月第 1 版
印　　　　次：2015 年 6 月第 1 次印刷
定　　　　价：38.00 元
咨 询 电 话：（010）68990630 68990692
购 书 热 线：（010）68990682 68990686
网 络 订 购：http://zgfzcbs.tmalll.com
网 购 电 话：（010）88333349 68990639
本 社 网 址：http://www.developress.com.cn
电 子 邮 件：bianjibu16@163.com
